가나다 Korean for Chinese

轻松学韩语

初级 2

가나다 韩国语补习班 编著

罗远惠 译

北京大学出版社
北 京

版权登记号：01-2003-5963

图书在版编目（CIP）数据

轻松学韩语.初级2／가나다 韩国语补习班编著；罗远惠译. —北京：北京大学出版社，2005.6

ISBN 978-7-301-07925-6

Ⅰ.轻… Ⅱ.①韩… ②罗… Ⅲ.朝鲜语-教材 Ⅳ.H55

中国版本图书馆CIP数据核字(2004)第109545号

本书获得韩国LANGUAGE PLUS授权在中华人民共和国境内（不包括香港、澳门特别行政区及台湾地区）出版发行

가나다 한국어 학원
☏ 02-332-6003/Fax 02-332-6004
http://www.ganadakorean.com
ganada@ganadakorean.com

GANADA KOREAN LANGUAGE INSTITUTE is the first Korean Language Institute in Korean since 1991, to be the only qualified, private school dedicated exclusively to Korean language education.
<가나다 KOREAN> was created by GKLI's staffs.

书　　　　名：	轻松学韩语（初级2）
著作责任者：	가나다 韩国语补习班 编著 罗远惠 译
责 任 编 辑：	杜若明　张进凯
标 准 书 号：	ISBN 978-7-301-07925-6/H·1188
出 版 发 行：	北京大学出版社
地　　　　址：	北京市海淀区成府路205号　100871
网　　　　址：	http://www.pup.cn
电　　　　话：	邮购部 62752015　发行部 62750672　编辑部 62753027　出版部 62754962
电 子 邮 箱：	zpup@pup.pku.edu.cn
印　　刷　者：	三河市博文印刷有限公司
经　　销　者：	新华书店
	787毫米×1092毫米　16开本　17.25印张　310千字
	2005年6月第1版　2020年1月第19次印刷
定　　　　价：	37.00元（附1张MP3）

未经许可，不得以任何方式复制或抄袭本书之部分或全部内容。
版权所有，侵权必究　　举报电话：010-62752024
　　　　　　　　　　　　电子邮箱：fd@pup.pku.edu.cn

前言

经过几十年的不断努力，韩国已成为在世界上引人注目的"亚洲四小龙"之一。其经济地位和作用逐渐为世界所公认，随着经济实力的壮大，想掌握韩国语的外国人也越来越多。

가나다 韩国语补习班（原延世韩国语补习班）是随时代的发展，以在大学具有丰富教学经验教师阵容为主体而成立的韩国惟一的韩国语专门补习班。成立以来，为了提高效率，教材和教学的开发投入不遗余力，以多年的成果为基础，编成本套韩国语系列教材。

가나다 韩国语补习班的韩国语系列教材是为了更加系统而有效地学习韩国语，根据词汇和语法的难易度和使用频率而编成的，以韩国实际生活为主要内容。初级阶段的1、2册讲授韩国语日常会话及基本句型，中级阶段的1、2册系统讲授韩国语基础语法。高级阶段的1、2册内容广泛，涉及韩国的历史、文化、社会以及时事等各方面情况，是为专门学习韩国语的学习者编写的。为方便读者，本教材有汉语版、英语版、日本语版三种版本。

希望这部积累了多年经验的教材能够成为韩国语学习者和韩国语教师的好帮手，本编辑部将为韩国语教育的发展继续努力。

最后，向为本教材的出版给予大力支持的时事教育出版社的严镐烈社长、权赫焕常务理事、宋美惠部长、罗远惠翻译致以深切的敬意和衷心的感谢。

1998年2月
가나다 韩国语补习班教材研究部

说明

  本册教材是按照가나다韩国语补习班课程编成的，对象是不懂韩国语的外国人及海外韩国人。

  本册教材分为30课，每课以四句基本对话构成，对话的生词部分不包括已出词语。

  语法注释简明实用，讲解语法意义，尤其重视使用方法的解说，并列出注意事项。

  句型练习以模仿造句及问答形式构成，通过实际语言训练帮助学生掌握韩国语句型，培养正确的语感。为方便初学者，本部分给出补充生词。

  每5课为一单元，编有内容丰富的练习，将本单元内容集中体现在阅读练习、语法练习（造句、填空等）及听力练习之中，通过大题量的集中练习，强化所学内容。

  为方便教学，本教材配有磁带。

회 화	会话	1
제1과	시간이 있으면 우리 집에 오세요.	3
제2과	뭐든지 괜찮아요.	9
제3과	아직 연락하지 못했습니다.	17
제4과	약속을 지키지 못해서 죄송합니다.	25
제5과	저도 맥주 한잔 하고 싶습니다.	31
Review		37

  읽기 연습 1 阅读练习1 / 37
  읽기 연습 2 阅读练习2 / 40
  쓰기 연습 运用练习 / 43
  듣기 연습 听力练习 / 45

제6과	이 음식 이름이 뭐예요?	47
제7과	저는 잘 모르니까 선생님이 시키세요.	53
제8과	고향에 갈 계획입니다.	59
제9과	여행사에 가서 비행기표를 사려고 합니다.	65
제10과	저 사람이 입고 있는 옷이 어때요?	71
Review		78

  읽기 연습 1 阅读练习1 / 78
  읽기 연습 2 阅读练习2 / 80
  쓰기 연습 运用练习 / 83
  듣기 연습 听力练习 / 85

제11과	저도 한 번 가 본 일이 있어요.	87
제12과	배가 고프시지요?	93
제13과	미리 표를 사야 해요.	97
제14과	저는 따뜻한 봄이 제일 좋아요.	101
제15과	여름에는 산보다 바다가 더 좋을 것 같아요.	109
Review		115

  읽기 연습 1 阅读练习1 / 115
  읽기 연습2 阅读练习2 / 118
  쓰기 연습 运用练习 / 121
  듣기 연습 听力练习 / 123

제16과	이번 연휴에 등산이나 갈까요?	125
제17과	방학 동안 뭘 할 거예요?	131

제18과	이 양복 좀 다려 주세요.	139
제19과	여기가 사이토 씨 댁이 맞습니까?	145
제20과	지금은 비빔 냉면밖에 안 되는데요.	151
Review		157

    읽기 연습　阅读练习 / 157

    쓰기 연습　运用练习 / 160

    듣기 연습　听力练习 / 163

제21과	좀 끼어 봐도 돼요?	165
제22과	한 송이에 500원짜리예요.	171
제23과	초는 몇 개나 드릴까요?	179
제24과	이야기를 들으니까 가고 싶어지네요.	185
제25과	비행기로 갔으면 좋겠어요.	191
Review		198

    읽기 연습　阅读练习 / 198

    쓰기 연습　运用练习 / 202

    듣기 연습　听力练习 / 205

제26과	결혼을 축하합니다.	207
제27과	부산 출장을 다녀왔어요.	213
제28과	한복 맞추는 데 돈이 얼마나 들어요?	217
제29과	누구든지 쉽게 배울 수 있어요.	223
제30과	차린 건 없지만 많이 드세요.	229
Review		234

    읽기 연습　阅读练习 / 234

    쓰기 연습　运用练习 / 238

    듣기 연습　听力练习 / 241

부록　附录 243

   ● 연습문제 해답 245

   ● 단어 색인 258

   ● Review 단어 색인 266

회화

会话

제 1 과

시간이 있으면 우리 집에 오세요.

경수 : 오늘 저녁에 시간이 있으면 우리 집에 오세요.
京洙 : 如果今天晚上有时间，就来我家玩儿。

사이토: 미안합니다. 오늘은 바쁘기 때문에 갈 수 없어요.
济藤 : 很抱歉，今天忙，去不了。

경수 : 그럼, 주말에는 어떻습니까?
京洙 : 那么，周末怎么样？

사이토: 주말에는 갈 수 있어요.
济藤 : 周末可以去。

 生词

시간이 있다　有时间,有空　　　　　　미안하다　对不起,很抱歉
바쁘다　　　 忙

 语法

~(으)면

　　连接词尾。附在谓词词干和体词的谓词形之后,表示条件或假设。相当于汉语的"如果……就"、"若是……的话"。开音节后用 '면',闭音节后用 '(으면)'。

|보기| 아프면 병원에 가십시오.
如果疼,就去医院。

시간이 있으면 무엇을 하겠습니까?
若有空,你想做什么?

아침에 일어나면 신문을 읽습니다.
早上起床看报纸。

~(으)ㄹ 수 있다/없다

　　常用格式。用于谓词词干后,表示一种行为或状态的能力或可能性与否。相当于汉语的"可以"、"能"、"能够"或者"不可以"、"不能""不能够"。开音节后用 '~ㄹ 수 있다/없다' 闭音节后用 '~을 수 있다/없다'。'수'作为不完全名词,表示方法、可能性。

| 보기 | 운전을 할 수 있습니까?
能开车吗?

한자가 많기 때문에 한국 신문을 읽을 수 없습니다.
因为汉字很多，不能看韩国报。

열쇠가 없기 때문에 문을 열 수 없습니다.
没钥匙，不能开门。

 句型练习

보충 단어 补充生词

봄이 오다	春天来，春天到	꽃이 피다	花开
시끄럽다	嘈杂	많다	多
출발하다	出发	스키를 타다	滑雪
한자	汉字	다	全，都
시간이 없다	没时间，没空	전화 번호	电话号码
카메라	照相机	열쇠	钥匙

1. _____(으)면 _____ .

| 보기 | 시간이 있다 / 여행을 하겠습니다.
→ 시간이 있으면 여행을 하겠습니다.

1) 비가 오다 / 등산을 가지 맙시다.

2) 비싸다 / 사지 않겠습니다.

3) 봄이 오다 / 꽃이 핍니다.

4) 문을 열다 / 시끄럽습니다.

5) 바쁘지 않다 / 우리 집에 놀러 오세요.

2. 가 : _____(스)ㅂ니까?
   나 : _____(으)면 _____ .

   > 보기 가 : 주말에 무엇을 하겠습니까?
   >   (날씨가 좋다 / 놀러 가겠습니다.)
   >   나 : 날씨가 좋으면 놀러 가겠습니다.

   1) 돈이 많으면 무엇을 하겠습니까?
      (돈이 많다 / 여행을 하겠습니다.)
   2) 친구가 서울에 오면 친구와 함께 어디에 가겠습니까?
      (친구가 서울에 오다 / 친구와 함께 박물관에 가겠습니다.)
   3) 고향에 가면 무엇을 하겠습니까?
      (고향에 가다 / 친구들을 만나겠습니다.)
   4) 9시에 출발하면 몇 시에 도착합니까?
      (9시에 출발하다 / 9시 30분에 도착합니다.)
   5) 언제 운동을 하십니까?
      (시간이 있다 / 운동을 합니다.)

3. _____(으)ㄹ 수 있습니다.
   _____(으)ㄹ 수 없습니다.

   > 보기 한국말을 하다
   >   → 한국말을 할 수 있습니다.
   >   한국말을 할 수 없습니다.

   1) 내일 가다
   2) 스키를 타다
   3) 10시 전에 도착하다
   4) 한자를 읽다
   5) 불고기를 만들다

4. 가 : _____(으)ㄹ 수 있습니까?
   나 : 네, _____(으)ㄹ 수 있습니다.
       아니오, _____(으)ㄹ 수 없습니다.

> **보기** 수영을 하다
> 가 : 수영을 할 수 있습니까?
> 나 : 네, 수영을 할 수 있습니다.
>   아니오, 수영을 할 수 없습니다.

1) 한국 노래를 부르다
2) 오늘 이 일을 다 하다
3) 수업 후에 같이 식사하다
4) 테니스를 치다
5) 이 음식을 먹다

5. _____기 때문에 _____(으)ㄹ 수 없습니다.

> **보기** 바쁘다 / 만나다
> → 바쁘기 때문에 만날 수 없습니다.

1) 시간이 없다 / 가다
2) 비싸다 / 사다
3) 일이 많다 / 숙제를 하다
4) 전화 번호를 모르다 / 전화를 하다
5) 옷이 작다 / 입다

6. 가 : _____(으)ㄹ 수 있습니까?
   나 : 아니오, _____(으)ㄹ 수 없습니다.
   가 : 왜 _____(으)ㄹ 수 없습니까?
   나 : _____기 때문에 _____(으)ㄹ 수 없습니다.

   > 보기 오늘 저녁에 만나다 / 약속이 있다
   >   가 : 오늘 저녁에 만날 수 있습니까?
   >   나 : 아니오, 오늘 저녁에 만날 수 없습니다.
   >   가 : 왜 오늘 저녁에 만날 수 없습니까?
   >   나 : 약속이 있기 때문에 오늘 저녁에 만날 수 없습니다.

   1) 오늘 산에 가다 / 눈이 오다
   2) 한국 신문을 읽다 / 한자를 모르다
   3) 지금 사진을 찍다 / 카메라가 없다
   4) 이 가방을 들다 / 아주 무겁다
   5) 문을 열다 / 열쇠가 없다

제 2 과

뭐든지 괜찮아요.

리무화: 무슨 영화를 보러 갈까요?
李慕华: 想去看什么电影?

혜정 : 저는 영화를 좋아하기 때문에 뭐든지 괜찮아요.
惠贞 : 我喜欢电影，什么都行。

리무화: 그럼, 제가 정할까요?
李慕华: 那么，由我来决定啦?

혜정 : 네, 그렇게 하세요.
惠贞 : 好的，你决定吧。

 生词

영화　　　　电影　　　　　　　괜찮다　　没关系，还行
정하다　　　决定，定　　　　　그렇게 하다　那么做

 语法

무슨~（什么~）

　　疑问代词，用于体词前，对体词的名称、种类、属性等起修饰作用。相当于汉语的"什么……"。

　　보기　무슨 색을 좋아합니까?
　　　　　喜欢什么颜色?

　　　　　요즘 무슨 일을 하고 있어요?
　　　　　最近在做什么?

　　　　　금년 크리스마스가 무슨 요일입니까?
　　　　　今年圣诞节是星期几?

~(이)든지

　　选择性连接词尾。用于谓词词干和体词的谓词形后，表示选择。常与'언제'，'어디'，'누구'等疑问代词连用，表示任何情况下都是一样的。相当于汉语的"无论"、"不管"、"总是"、"或者"。开音节后用'~든지'，闭音节用'~이든지'。

　　보기　언제든지 괜찮습니다.
　　　　　不管什么时候都可以.

어디든지 사람이 많습니다.
不管在哪儿人都多。

그 사람은 무엇이든지 잘 먹습니다.
那个人什么都能吃。

~(으)ㄹ까요?

　　疑问终结词尾。用于谓词词干后，表示向对方询问意见。主语是第一人称复数时表示劝解或提议，主语是第一人称单数时表示对说话者的行为征求听者的意见。相当于汉语的"你觉得……""……怎么样"。开音节后用'~ㄹ까요?'，闭音节后用'~을까요?'。

> **보기**　(우리) 같이 갈까요?
> 　　　　(我们)一起去怎么样?
>
> 　　　　(제가) 언제 전화할까요?
> 　　　　(我)什么时候打电话呢?
>
> 　　　　(제가) 내일 어떤 옷을 입을까요?
> 　　　　(我)明天穿什么衣服呢?

~지 마십시오

　　命令形结词尾。是'~지 말다'和'~(으)십시오'的结合形，为命令型终结词尾'~(으)십시오'的否定形，相当于汉语的"别……""不要……"。

> **보기**　이 영화를 보십시오. → 이 영화를 보지 마십시오.
> 　　　　请看这部电影。　　　　不要看这部电影。
>
> 　　　　그 책을 읽으십시오. → 그 책을 읽지 마십시오.
> 　　　　请看那本书。　　　　不要看那本书。
>
> 　　　　창문을 여십시오. → 창문을 열지 마십시오.
> 　　　　请开窗户。　　　　不要开窗户。

 句型练习

보충 단어 补充生词

색	色, 颜色	프로그램	程序, 节目
놓다	放, 搁置	쓰레기	垃圾
버리다	扔掉	닫다	关闭

1. 무슨 _____ ?

> 보기 책을 사셨습니까?
> → 무슨 책을 사셨습니까?

1) 음식을 좋아합니까?

2) 운동을 잘하십니까?

3) 신문을 읽습니까?

4) 색 옷을 입었습니까?

5) 요일에 쉽니까?

2. 가 : _____.

   나 : 무슨 _____.

> 보기 가 : 지금 책을 읽고 있습니다.
> 나 : 무슨 책을 읽고 있습니까?

1) 어제 자동차를 샀습니다.

2) 친구 생일이기 때문에 선물을 하려고 합니다.

3) 요즘 한국 텔레비전 프로그램을 자주 봅니다.

4) 요즘 운동을 배우고 있습니다.

3. _____(이)든지 괜찮습니다.

> 보기 언제
> → 언제든지 괜찮습니다.

1) 어디
2) 누구
3) 무엇
4) 뭐
5) 어느 것

4. 가 : _____?
   나 : _____(이)든지 괜찮습니다.

> 보기 가 : 언제 시간이 있습니까?(언제)
> 나 : 언제든지 괜찮습니다.

1) 커피를 마시겠습니까?홍차를 마시겠습니까?(뭐)
2) 어디에서 만날까요?(어디)
3) 누구와 함께 이 일을 하시겠습니까?(누구)
4) 내일 몇 시에 만날까요?(몇 시)
5) 무엇을 먹을까요?(무엇)

5. _____(으)ㄹ까요?

> 보기 몇 시에 전화하다
> → 몇 시에 전화할까요?

1) 제가 김 선생님에게 연락하다
2) 제가 내일 일찍 오다
3) 이 책을 어디에 놓다
4) 이 약을 언제 먹다
5) 오늘 저녁에 뭘 만들다

6. 가 : _____ (으)ㄹ까요?
   나 : _____(으)십시오.

> 보기 가 : 제가 언제 전화할까요?(내일 오후)
> 나 : 내일 오후에 전화하십시오.

1) 이책을 어디에 놓을까요?(책상 위)
2) 약을 언제 먹을까요?(식사 후)
3) 내일 뭘 입을까요?(한복)
4) 내일 몇 시에 올까요?(오전 10시)
5) 제가 무엇을 할까요?(청소)

7. _____지 마십시오.

> 보기 여기에서 담배를 피우다
> → 여기에서 담배를 피우지 마십시오.

1) 버스를 타다

2) 그 사람에게 말하다

3) 쓰레기를 버리다

4) 창문을 열다

5) 고기를 많이 먹다

8. 가 : _____(으)ㄹ까요?

　나 : 네, _____(으)십시오.

　　　아니오, _____지 마십시오.

> **보기** (제가) 창문을 닫다
> 　　가 : (제가) 창문을 닫을까요?
> 　　나 : 네, 창문을 닫으십시오.
> 　　　　아니오, 창문을 닫지 마십시오.

1) (제가) 집으로 전화하다

2) (제가) 식사 준비를 하다

3) (제가) 과일을 사다

4) (제가) 이 선생님에게 연락하다

5) (제가) 내일 일찍 오다

무슨 단어입니까?
(有什么关系？)

1. 할아버지 — 할머니
   신랑   — (   )
   신사   — 숙녀
   (   ) — 누나

2. 나무   — 책상
   벽돌   — 집
   (   ) — 김치
   (   ) — 빵

3. 책   — 가방
   편지 — 봉투
   돈   — (   )
   연필 — (   )

4. 머리 — 모자
   눈   — (   )
   발   — 신발
   (   ) — 장갑

5. 시작 — 끝
   입학 — (   )
   (   ) — 도착
   출근 — 퇴근

6. 회사 — 사장
   학교 — (   )
   (   ) — 대사
   나라 — 대통령·수상

해답 1. 신부, 형 2. 배추, 밀가루 3. 지갑, 필통 4. 안경, 손 5. 졸업, 출발 6. 교장, 대사관

제3과

아직 연락하지 못했습니다.

낸시 :	오 선생님께도 연락하셨습니까?
念士 :	跟吴先生也联系了吗?

상우 :	아니오, 아직 연락하지 못했습니다.
相优 :	没有,还没联系呢。

낸시 :	그럼, 언제쯤 연락하려고 합니까?
念士 :	那么,你打算什么时候联系?

상우 :	오늘 오후 세 시쯤 연락하려고 합니다.
相优 :	我想今天下午3点左右联系。

生词

연락하다　　联系，联络　　　　　　아직　　还（没）

语法

~지 못하다

　　常用格式。用于动词词干后，表示否定。'~지 않다'表示主观否定，相当于汉语的"不……"、"没有……"。'~지 못하다'表示客观否定，是因为能力不够或外界的原因，而使行动不可能实现。相当于汉语的"不能……"。

　　보기　일이 많아서 쉬지 못합니다.
　　　　　因为事情多，不能休息。

　　　　　김치는 맵기 때문에 먹지 못합니다.
　　　　　泡菜辣，不能吃。

　　　　　중국어를 모르기 때문에 중국어 책을 읽지 못합니다.
　　　　　不懂中文，不能看中文书。

~쯤

　　用于数量、时间、场所等名词后，表示大概的数量或大致的时间、地点。相当于汉语的"大约"、"大概"、"左右"。

　　보기　1시쯤 만납시다.

　　　　　一点左右见面吧。

제3과 아직 연락하지 못했습니다.

손님이 10명쯤 오십니다.
大约来十位客人。

그 친구는 아마 대전쯤 갔을 거예요.
那朋友大概已到大田了。

~(으)려고

连接词尾。用于谓词词干后，表示说话人的目的和意图。相当于汉语的"打算"、"想要"。开音节和谓词词干以'ㄹ'结尾时用'~려고'，闭音节后用'~으려고'。

> 보기
> 이번 주말에 등산을 가려고 합니다.
> 这周周末想去登山。
>
> 친구와 같이 먹으려고 불고기를 만들었습니다.
> 做了烤肉，想和朋友一起吃。
>
> 문을 열려고 일어났습니다.
> 想开门，就站起来了。

 句型练习

보충 단어 补充生词

표	票	예약하다	预约，预订
벌써	已经	기차	火车
떠나다	离开	아기	孩子
기타를 치다	弹吉他	김치	泡菜
이번	这次	시험을 보다	考试
사진기	照相机	가지고 오다	拿来
쇠고기	牛肉	유학을 가다	去留学

1. 아직 _____지 않았습니다.

   > 보기   손님이 오다
   >   → 아직 손님이 오지 않았습니다.

   1) 일이 끝나다
   2) 결혼하다
   3) 편지를 받다
   4) 옷을 입다
   5) 비행기표를 예약하다

2. 벌써 _____았/었/였습니다.

   > 보기   회의를 시작하다
   >   → 벌써 회의를 시작했습니다.

   1) 아침을 먹다
   2) 준비를 다 하다
   3) 기차가 도착하다
   4) 그 사람이 떠나다
   5) 수업이 끝나다

3. 가 : 벌써 _____았/었/였습니까?
   나 : 네, 벌써 _____았/었/였습니다.
   　　아니오, 아직 _____지 않았습니다.

   > 보기   시작하다
   >   가 : 벌써 시작했습니까?
   >   나 : 네, 벌써 시작했습니다.
   >   　　아니오, 아직 시작하지 않았습니다.

1) 숙제를 다 하다

2) 점심을 먹다

3) 아기가 일어나다

4) 회의가 끝나다

5) 기차가 떠나다

4. _____지 못합니다.
   ____ 못 ____(스)ㅂ니다.

> **보기** 중국말을 하다
> → 중국말을 하지 못합니다.
> 중국말을 못합니다.

1) 기타를 치다

2) 김치를 먹다

3) 지금 그 사람에게 연락을 하다

4) 이번 주말에 등산을 가다

5) 한국 음식을 만들다

5. 가 : _____았/었/였습니까?

   나 : 아니오, _____지 못했습니다.

> **보기** 숙제를 다 하다
> 가 : 숙제를 다 했습니까?
> 나 : 아니오, 숙제를 다 하지 못했습니다.

1) 친구를 만나다

2) 한국에서 여행을 하다

3) 지난 주말에 잘 쉬다

4) 시험을 잘 보다

5) 이 책을 읽다

6. 가 : _____ ?
   나 : _____쯤 _____ .

> 보기 가 : 수업이 몇 시쯤 끝납니까? (1시)
>   나 : 1시쯤 끝납니다.

1) 손님이 몇 명쯤 오십니까? (10명)

2) 한국말 책이 몇 권쯤 있습니까? (5권)

3) 언제 한국에 오셨습니까? (1년 전)

4) 집에서 한국말을 몇 시간쯤 공부합니까? (1시간)

5) 날마다 커피를 몇 잔쯤 마십니까? (2잔)

7. _____(으)려고 _____ .

> 보기 친구에게 주다 / 선물을 샀습니다.
>   → 친구에게 주려고 선물을 샀습니다.

1) 비행기표를 예약하다 / 여행사에 전화했습니다.

2) 친구와 이야기를 하다 / 친구 집에 갔습니다.

3) 아침마다 운동을 하다 / 일찍 일어납니다.

4) 사진을 찍다 / 사진기를 가지고 왔습니다.

5) 불고기를 만들다 / 쇠고기를 샀습니다.

8. 가: 왜 _____ ?
   나: _____ (으)려고 _____ .

   > 보기 가: 왜 시내에 갔습니까? (구경하다)
   >   나: 구경하려고 시내에 갔습니다.

   1) 왜 영어를 공부합니까? (미국에 유학을 가다)
   2) 왜 창문을 열었습니까? (청소를 하다)
   3) 왜 한국말을 배웁니까? (한국에서 일하다)
   4) 왜 주말에 같이 등산을 가지 않았습니까? (좀 쉬다)
   5) 왜 그 책을 샀습니까? (친구에게 주다)

做泡菜的季节

说起韩国，马上就会想起泡菜来。除了泡白菜和黄瓜泡菜之外，尚有一百余种泡菜。只要是蔬菜类，都可以做成泡菜。泡菜是韩国咸菜的总称。每年十一月至十二月初是每个家庭大量腌蔬菜的时期。原来做咸菜是为过冬做准备，虽然如今全年中随时都可以买到新鲜蔬菜，但是至今还保留着这种习惯。

到了过冬准备时期，在居民区里就出现临时腌菜材料市场，堆积的蔬菜、辣椒、腌渍原料等随处可见。附近的家庭主妇们集中在过冬市场里互相帮助，一边聊天一边交换着做泡菜的秘方等信息。到了腌菜时，单位也发过冬补贴。

据说，最近的小孩子之中，也有不吃咸菜的小孩。但是，泡菜依然还是作为餐桌上不可缺少的一品料理，代表着韩国的传统饮食文化。

제 4 과

약속을 지키지 못해서 죄송합니다.

마이클: 지난번에 약속을 지키지 못해서 죄송합니다.
马克　：对不起，上次失约了。

혜정　：뭘요. 괜찮습니다.
惠贞　：哪里哪里，没关系。

마이클: 약속이 없으면, 오늘 제가 저녁을 사겠습니다.
马克　：如果今晚没有别的约会，我请客。

혜정　：고맙습니다만, 오늘 저녁엔 선약이 있어서….
惠贞　：谢谢。今晚已有约了……

 生词

지난번　　上次　　　　　　　　(약속을) 지키다　　守，遵守（约定）
죄송하다　对不起，很抱歉　　　뭘요　　　　　　　哪里哪里
고맙다　　谢谢　　　　　　　　선약　　　　　　　先约，已有约定

 语法

~아/어/여서

　　连接词尾。用于谓词词干和体词谓词形后，表示前句是后句的原因或理由。以元音'아, 야, 오, 요'结尾的谓词词干后用'아서'，以其他元音结尾的谓词词干后用'~어서'，'하다'后用'~여서'。另外'~아/어/여서'不能与时态词尾'았, 었, 였, 겠'连用。

> 보기　늦어서 미안합니다.
> 　　　对不起，我来迟了。
>
> 　　　피곤해서 쉬려고 합니다.
> 　　　有点累，想休息。
>
> 　　　어제 갑자기 손님이 오셔서 일을 하지 못했습니다.
> 　　　昨天突然来客人了，没能做事。

~(스)ㅂ니다만

　　连接词尾。和'~지만'一样表示相反和对照。相当于汉语的"虽然……但是……"。主要用于格式。

> 보기 실례합니다만, 김 선생님 계십니까?
> 对不起，金先生在吗？
>
> 미안합니다만, 내일은 바쁘기 때문에 갈 수 없습니다.
> 对不起，明天忙，去不了。
>
> 연락을 받았습니다만, 잊어버렸습니다.
> 虽然得到了联系，但是忘掉了。

 句型练习

보충 단어 补充生词

피곤하다	累, 疲惫	교통	交通
감기에 걸리다	犯感冒	너무	太
언제나	常常, 经常	~번	次, 遍
늦다	晚, 迟, 缓慢	늦게	晚
공중 전화	公用电话	잠깐만	一会儿, 片刻
먼저	先	잊어버리다	忘掉

1. _____아/어/여서 _____ .

> 보기 비싸다 / 사지 않았습니다.
>   → 비싸서 사지 않았습니다.

1) 피곤하다 / 쉬려고 합니다.

2) 교통이 복잡하다 / 지하철을 탑니다.

3) 일이 많다 / 갈 수 없어요.

4) 어제 술을 많이 마셨다 / 머리가 아파요.

5) 감기에 걸렸다 / 약을 먹었어요.

2. 가 : 왜 _____ ?
    나 : _____아/어/여서 _____ .

> 보기 가 : 왜 일찍 갑니까? (약속이 있다)
>   나 : 약속이 있어서 일찍 갑니다.

1) 왜 미국에 가려고 합니까? (미국에 친구가 있다)
2) 왜 저 가방을 사지 않습니까? (너무 크다)
3) 왜 그 식당에는 언제나 사람이 많습니까? (값도 싸고 맛있다)
4) 왜 그 영화를 두 번 봤습니까? (재미있다)
5) 왜 등산을 가지 않았습니까? (아프다)

3. _____아/어/여서 죄송합니다.

> 보기 자주 연락하지 못하다
>   → 자주 연락하지 못해서 죄송합니다.

1) 늦다
2) 늦게 전화하다
3) 준비하지 못하다
4) 숙제를 못하다
5) 같이 가지 못하다

4. _____(스)ㅂ니다만 _____ .

> 보기 고맙습니다. / 오늘은 약속이 있어서 갈 수 없습니다.
>   → 고맙습니다만 오늘은 약속이 있어서 갈 수 없습니다.

1) 실례합니다. / 공중 전화가 어디에 있습니까?

제4과 약속을 지키지 못해서 죄송합니다.

2) 미안합니다. / 잠깐만 기다리십시오.

3) 죄송합니다. / 먼저 가겠습니다.

4) 배웠습니다. / 잊어버렸습니다.

5) 한 번 만났습니다. / 이름을 모릅니다.

5. 가 : _____ .
   나 : _____ (스)ㅂ니다만 _____ .

> 보기 가 : 오늘 만날 수 있습니까?
>   (미안하다 / 만날 수 없습니다.)
>   나 : 미안합니다만 만날 수 없습니다.

1) 이 빵을 잡수시겠습니까? (고맙다 / 조금 전에 식사했습니다.)

2) 주말에 우리 집에 올 수 있어요? (죄송하다 / 갈 수 없습니다.)

3) 내일은 쉽니까? (주말이다 / 쉴 수 없습니다.)

4) 노래를 잘하세요? (노래를 잘하지 못하다 / 좋아합니다.)

5) 연락을 받지 못했습니까? (연락을 받았다 / 잊어버렸습니다.)

옷
(衣服)

한복　　　　양복　　　　수영복

잠옷　　　　비옷　　　　속옷

외투　　　　잠바　　　　조끼

반바지　　　반팔 티셔츠　　스웨터

제 5 과

저도 맥주 한잔 하고 싶습니다.

마쓰다 :	오늘 퇴근 후에 한잔 할까요?
松田 :	今天下班后去喝杯酒怎么样?

낸시 :	네, 저도 맥주 한잔 하고 싶습니다.
念士 :	好啊。我也想喝杯啤酒。

마쓰다 :	어디로 갈까요?
松田 :	去哪儿好呢?

낸시 :	가까운 곳으로 갑시다.
念士 :	就近吧。

 生词

퇴근	下班	한잔 하다	干杯，喝酒
맥주	啤酒	곳	地方

 语法

~고 싶다

　　常用格式。用于动词词干后表示希望和愿望。相当于汉语"想……"、"打算……"。'싶다'是表示情感的形容词，主语为第一人称时，可直接用'싶다'；主语为第二人称或第三人称时，要用'싶어하다'。

　　보기　여행을 가고 싶습니다.
　　　　　想去旅行。

　　　　　한국말을 배우고 싶어서 한국에 왔어요.
　　　　　想学韩国语，所以来到了韩国。

　　　　　김영수 씨도 같이 가고 싶어합니다.
　　　　　金英洙也想一起去。

'ㅂ' 불규칙 동사 'ㅂ' 不规则动词

　　以韵尾'ㅂ'结尾的部分动词或形容词与以元音开始的词尾相连用时，韵尾'ㅂ'脱落，添加'우'或'오'。添加'오'的只有'돕다, 곱다'. → 도와 주다, 고와서° 但'입다, 잡다, 좁다'等词当作规则词语用，不发生这种变化。

제5과 저도 맥주 한잔 하고 싶습니다.

	~아/어/여요	~았/었/였습니다	~아/어/여서	~(으)면
어렵다	어려워요	어려웠습니다	어려워서	어려우면
덥다	더워요	더웠습니다	더워서	더우면
맵다	매워요	매웠습니다	매워서	매우면
가깝다	가까워요	가까웠습니다	가까워서	가까우면
*입다	입어요	입었습니다	입어서	입으면

보기　어제 시험은 쉬웠습니다.
　　　昨天的考试容易。

　　　날씨가 추워서 외투를 입었어요.
　　　天气冷，穿上了大衣。

* 길이 좁아서 자동차가 들어갈 수 없습니다.
　路窄汽车过不去。

~(으)ㄴ

形容词的定语形词尾。当形容词和动词以修饰名词的成分出现时作定语形词尾。相当于汉语的定语成分。形容词词干为开音节时用'~ㄴ'，闭音节时用'~은'，'~있다'，'~없다'作为特殊形，适用于动词现在时态定语形词尾。

보기　식당이 깨끗합니다. 그 식당으로 갑시다.
　　　　→ 깨끗한 식당으로 갑시다.
　　　　食堂干净。去那个食堂吧。
　　　　→ 去那个干净的食堂。

　　옷이 좋습니다. 그 옷을 샀습니다.
　　　→ 좋은 옷을 샀습니다.
　　　衣服好。买了那件衣服。
　　　→ 买了好衣服。

　　책이 어렵습니다. 그 책을 읽고 있습니다.
　　　→ 어려운 책을 읽고 있습니다.
　　　书难。在看那本书。
　　　→ 在看一本很难读的书。

유형 연습 句型练习

보충 단어 补充生词

요리	料理, 烹调	외국어	外语
이사하다	搬迁, 搬家	무섭다	害怕, 可怕
키가 크다	个儿高	달다	甜
단어	单词, 生词		

1. _____고 싶습니다.

   _____고 싶지 않습니다.

   > 보기 한국 요리를 배우다
   > → 한국 요리를 배우고 싶습니다.
   >   한국 요리를 배우고 싶지 않습니다.

   1) 쉬다
   2) 같이 이야기하다
   3) 차를 마시다
   4) 책을 읽다
   5) 음악을 듣다

2. 가 : _____고 싶습니까?

   나 : 네, _____고 싶습니다.

   　　아니오, _____고 싶지 않습니다.

   > 보기 태권도를 배우다
   > 가 : 태권도를 배우고 싶습니까?
   > 나 : 네, 태권도를 배우고 싶습니다.
   > 　　아니오, 태권도를 배우고 싶지 않습니다.

1) 외국어를 공부하다

2) 이사하다

3) 자동차를 사다

4) 아이와 함께 놀다

5) 사진을 찍다

3. 'ㅂ' 불규칙 동사 연습

　　　　_____았/었/였습니다.

> 보기　어렵다
> → 어려웠습니다.

1) 쉽다

2) 가깝다

3) 맵다

4) 반갑다

5) 춥다

4. 가 : _____ .

　　나 : _____아/어/여서 _____ .

> 보기　가 : 왜 그 책을 읽지 않습니까? (어렵다)
> 　　　나 : 어려워서 읽지 않습니다.

1) 왜 김치를 먹지 않습니까? (맵다)

2) 왜 그 은행에 갑니까? (가깝다)

3) 왜 창문을 닫았습니까? (시끄럽다)

4) 왜 그 가방을 혼자 들 수 없습니까? (무겁다)

5) 왜 그 영화를 보지 않았습니까? (무섭다)

5. _____(으)ㄴ _____ .

> 보기 비싸다 / 자동차
> → 비싼 자동차

1) 예쁘다 / 꽃
2) 키가 크다 / 사람
3) 높다 / 산
4) 달다 / 음식
5) 쉽다 / 단어

6. _____(으)ㄴ _____ .

> 보기 조용하다 / 음악을 들었습니다.
> → 조용한 음악을 들었습니다.

1) 편하다 / 옷을 사려고 합니다.
2) 크고 깨끗하다 / 집에서 살고 싶습니다.
3) 작다 / 가방을 들었습니다.
4) 어렵다 / 책을 읽었습니다.
5) 무섭다 / 영화를 싫어합니다.

Lesson1~ Lesson5 **REVIEW** 제1과~제5과

 阅读练习 1

고 향

박찬호 : 미국에서 오셨어요?
크리스 : 네, 시카고에서 왔어요.
박찬호 : 거기가 고향이세요?
크리스 : 아니오, 제 고향은 시골의 작은 마을이에요.
　　　　공부 때문에 시카고에서 혼자 살았어요.
박찬호 : 고향이 시카고에서 멀어요?
크리스 : 아니오, 자동차를 타면 한 시간쯤 걸려요.
　　　　그래서 가족들을 만나러 자주 고향에 갔어요.
박찬호 : 고향 날씨는 어때요?
크리스 : 서울과 거의 비슷하지만
　　　　여름이 좀 짧아요.
　　　　경치도 아주
　　　　아름다워요.
　　　　한번 오세요.

단어 生词

시카고	芝加哥（地名）	고향	故乡
시골	乡下	작다	小
마을	村，寨子	~ 때문에	因为（常用格式）
시간이 걸리다	花费时间	그래서	所以
가족	家眷，家族	~들	复数词（相当于"们"）
날씨	天气	거의	几乎，差不多
비슷하다	相似	여름	夏天
짧다	短	경치	风景
아주	非常，很	한번	一次

연습 문제 练习问题

1. 크리스 씨는 왜 시카고에서 혼자 살았습니까?

2. 크리스 씨 고향이 시카고에서 가깝습니까?

3. 크리스 씨 고향의 여름 날씨는 어떻습니까?

故乡

朴灿镐：您是从美国来的吗？
克丽斯：是的。从芝加哥来的。
朴灿镐：那儿是你的故乡吗？
克丽斯：不是。我的故乡在乡下的一个小村庄。因为学习，我一个人在芝加哥。
朴灿镐：你的故乡离芝加哥远吗？
克丽斯：不远。坐车大约一个小时，所以常回家见家人。
朴灿镐：故乡的天气怎么样？
克丽斯：和首尔几乎相差不多，但是夏天稍短些。景色非常漂亮，欢迎去玩儿。

 阅读练习 2

졸업식

책을 읽으려고 아침 일찍 학교 도서관에 갔습니다.
오늘은 학교 분위기가 이상했습니다.
학교 근처에서 아주머니들이 꽃다발을 팔고 있었고, 사람들이 학교 안에서 사진을 많이 찍고 있었습니다. 또 주차장 앞에는 자동차들이 주차를 하려고 많이 기다리고 있었습니다.

"오늘이 무슨 날입니까?"라고 저는 그 이유를 친구에게 물어 봤습니다.
"오늘은 졸업식 날입니다."라고 친구가 말했습니다.
오전에는 도서관에서 책을 읽었습니다. 그리고 오후에는 졸업식을 구경하고

싶어서 학교 운동장으로 갔습니다. 졸업식은 1시에 시작했습니다.
그렇지만 친구하고 약속이 있어서 끝까지 구경하지 못했습니다.
그래서 졸업식 중간에 학교 밖으로 나왔습니다.
아주 재미있는 하루였습니다.

단어 生词

아침	早上	일찍	早早地
분위기	气氛	이상하다	奇怪
꽃다발	花束	~ 안	~里
사진을 찍다	照相	많이	多多地，很多
또	另外，还有	주차장	停车场
~ 앞	~前	주차를 하다	停车
이유	理由	물어 보다	询问
졸업식	毕业式，毕业典礼	구경하다	观看，参观
운동장	操场，运动场	시작하다	开始
그렇지만	虽然如此	~하고	~和，与
끝	最后	중간에	中途，中间
~ 밖	~外	나오다	出来
하루	一天		

연습 문제 练习问题

1. 이 사람은 왜 아침 일찍 학교 도서관에 갔습니까?
   _____

2. 오늘은 무슨 날입니까?
   _____

3. 이 사람은 졸업식을 끝까지 구경했습니까?
   _____

毕业典礼

想看书，很早就去了图书馆，但学校的气氛有点怪，附近有很多卖花的妇女，校内还有很多人在照相，停车场上也有许多人在等着停车。

"今天是什么日子？"我向朋友们询问道。朋友说："今天有毕业典礼。"

上午在图书馆看书，下午想看毕业典礼，便去了操场。一点钟，毕业典礼开始了。但是我和朋友有约会，没能看完毕业典礼，中途就离开了学校。

真是很有趣的一天。

 运用练习

1. 다음 그림을 보고 대답을 쓰십시오.

1) 가: 돈이 많으면 무엇을 사겠습니까?
   나: _____ .

2)
   가: 이번 여름에 시간이 있으면 어디에 가겠습니까?
   나: _____ .

3) 가: 왜 일을 하지 않습니까?
   나: _____아/어/여서
       _____ .

4)
   가: 왜 야채와 고기를 많이 샀습니까?
   나: _____(으)려고
       _____ .

2. 보기와 같이 '~고 싶다'를 이용해서 문장을 완성하십시오.

> 보기   _____아/어/여서 친구 회사에 갔습니다. (친구를 만나다)
> → 친구를 만나고 싶어서 친구 회사에 갔습니다.

1) 지금은 배가 아파서 _____지 않습니다. (빵을 먹다)

2) 작년 겨울에 _____. (스키를 배우다)

3) _____(으)면 친구들에게 전화하십시오. (친구들을 초대하다)

4) _____(으)ㄴ 선물이 뭐예요? (생일에 받다)

5) _____지만 어려워서……. (한국 신문을 읽다)

6) _____기 때문에 도서관에 갔습니다. (책을 빌리다)

3. 다음 질문에 부정문 (뤠떽얌) 으로 대답하십시오.

1) 테니스를 칠 수 있습니까?
    아니오, _____.

2) 운전 시험을 잘 보았습니까?
    아니오, 연습을 하지 않아서 _____.

3) 제가 오늘 비행기표를 예약할까요?
    아니오, _____.

4) 우리 여기에서 사진을 찍을까요?
    아니오, _____.

 听力练习

1. 다음 문장을 듣고 문장 안에 있는 단어를 고르십시오.

   1) ① 8시   ② 12시   (   )
   2) ① 오늘   ② 어느   (   )
   3) ① 한잔   ② 한 장   (   )
   4) ① 거울   ② 겨울   (   )
   5) ① 몇 년쯤   ② 몇 명쯤   (   )

2. 다음 대화를 듣고 맞으면 ○, 틀리면 ×를 하십시오.

   1) 부산이 멀기 때문에 갈 수 없습니다.   (   )
   2) 춘천은 멀지만 경치가 아름답습니다.   (   )
   3) 두 사람은 버스를 타려고 합니다.   (   )

3. 다음 차림표를 보면서 잘 듣고 알맞은 답을 고르십시오.

   ### 차 림 표

커피 — 2,500원		인삼차 — 3,000원	
우유 — 2,500원		오렌지 주스 — 4,000원	
콜라 — 2,000원		사이다 — 2,000원	
맥주 — 3,000원		안주 — 10,000원	

   1) ① 커피   ② 콜라   ③ 오렌지 주스   (   )
   2) ① 콜라   ② 커피   ③ 인삼차   (   )
   3) ① 13,000원   ② 16,000원   ③ 15,000원   (   )

반대 형용사
(反义形容词)

크다(大) / 작다(小)
좋다(好) / 나쁘다(坏)
많다(多) / 적다(少)
싸다(便宜) / 비싸다(贵)
어렵다(难) / 쉽다(容易)
바쁘다(忙) / 한가하다(闲)
재미있다(有意思) / 재미없다(没意思)
맛있다(好吃) / 맛없다(不好吃，没味)
멀다(远) / 가깝다(近)
밝다(明亮) / 어둡다(黑暗)
무겁다(重) / 가볍다(轻)
두껍다(厚) / 얇다(薄)
덥다(热) / 춥다(冷)
깨끗하다(干净) / 더럽다(肮脏)
조용하다(安静) / 시끄럽다(嘈杂)
길다(长) / 짧다(短)
넓다(宽) / 좁다(窄)
높다(高) / 낮다(低)
깊다(深) / 얕다(浅)
빠르다(快) / 느리다(慢)

제 6 과

이 음식 이름이 뭐예요?

마이클 : 이 음식 이름이 뭐예요? 참 맛있군요.
马克 : 这菜叫什么名字？真好吃。

혜정 : 갈비찜이에요. 한국 사람들도 좋아하는 음식이에요.
惠贞 : 炖排骨。也是韩国人喜欢吃的菜。

마이클 : 만들기가 어려워요?
马克 : 很难做吗？

혜정 : 글쎄요, 요리책에 만드는 방법이 있어요.
  식사를 끝내고 같이 봅시다.
惠贞 : 难说。菜谱中有介绍。吃完饭，我们一起看吧。

 生词

참	真，真的	갈비찜	炖排骨
한국 사람	韩国人	만들다	做
글쎄요	是呀，也难说	요리책	菜谱
방법	方法	식사	吃饭
끝내다	结束		

 语法

~군요

　　感叹形终结词尾。用于刚知道某件事而发出感叹。前面可接各种时态。

> 보기　음식이 맛있군요.
> 菜真好吃啊!
>
> 한국말을 잘하는군요.
> 韩国语讲得真好啊!
>
> 사람들이 많이 왔군요.
> 人来得真多啊!

~는

　　动词定语形词尾。用于动词词干后，是定语现在时态的定语形词尾。相当于汉语中的定语。'~는'也用于形容词中的'~있다'和'~없다'。

> 보기 아이가 과자를 좋아합니다. 그 과자를 사 주십시오.
> → 아이가 좋아하는 과자를 사주십시오.
>
> 　　孩子喜欢饼干。 给他买那饼干吧。
> → 买孩子喜欢的饼干吧。

> 그 사람이 집에 삽니다. 그 집을 아십니까?
> → 그 사람이 사는 집을 아십니까?
>
> 　　那个人住在家里。 知道他家吗?
> → 知道那个人住哪儿吗?

> 그 영화가 재미있습니다. 그 영화를 보고 싶습니다.
> → 재미있는 영화를 보고 싶습니다.
>
> 　　那电影有意思。 想看那电影。
> → 想看有意思的电影。

~고

连接词尾。用于动词词干后，表示行为或动作的先后关系，有时也可表示并列。相当于汉语的"……了……"、"……之后……"。

> 보기 숙제를 하고 텔레비전을 봤습니다.
> 做完作业后看电视了。
>
> 밥을 먹고 차를 마십니다.
> 吃完饭后喝茶。
>
> 일을 끝내고 갑시다.
> 作完事再走吧。

 句型练习

보충 단어 补充生词

| 그림 | 画, 图画 | 그리다 | 画 |
| 역사책 | 历史书 | 같다 | 一样, 同样 |

반　　　　班　　　　　　　　화장하다　化妆
졸업하다　毕业

1. ＿＿＿＿＿＿군요.
   ＿＿＿＿＿＿는군요.
   ＿＿＿＿＿＿았/었/였군요.

   > 보기　바쁘다　　　한국말을 잘하다　　　비가 왔다
   > 　　　→ 바쁘군요.　→ 한국말을 잘하는군요.　→ 비가 왔군요.

   1) 집이 멀다
   2) 날씨가 춥다
   3) 노래를 많이 알다
   4) 그림을 잘 그리다
   5) 물건을 많이 사셨다

2. 가 : ＿＿＿＿＿＿ .
   나 : ＿＿＿＿＿＿군요.
   　　 ＿＿＿＿＿＿는군요.
   　　 ＿＿＿＿＿＿았/었/였군요.

   > 보기　가 : 이 사전이 5만원입니다. (비싸다)
   > 　　　나 : 비싸군요.

   1) 한국 친구가 10명쯤 있습니다. (친구가 많다)
   2) 아침 6시에 일어납니다. (일찍 일어나다)
   3) 주말마다 테니스를 칩니다. (테니스를 자주 치다)
   4) 날마다 집에서 2시간쯤 한국말을 공부합니다. (공부를 열심히 하다)
   5) 어제 집에 손님이 10분 오셨습니다. (손님이 많이 오셨다)

제6과 이 음식 이름이 뭐예요?

3. _____는 _____.

> 보기 공부하다 / 학생.
> → 공부하는 학생.

1) 모르다 / 단어
2) 기다리다 / 사람
3) 읽다 / 책
4) 가족이 살다 / 집
5) 재미있다 / 영화

4. _____는 _____.

> 보기 열심히 공부하다 / 학생이 많습니다.
> → 열심히 공부하는 학생이 많습니다.

1) 요즘 읽다 / 책이 한국 역사책입니다.
2) 같은 반에서 공부하다 / 친구와 함께 사진을 찍었습니다.
3) 저 가게에서 아르바이트를 하다 / 사람이 제 친구입니다.
4) 옆집에서 살다 / 사람이 우리 집에 놀러 왔습니다.
5) 맛있다 / 빵을 먹고 싶습니다.

5. _____고 _____.

> 보기 식사를 하다 / 커피를 마십니다.
> → 식사를 하고 커피를 마십니다.

1) 숙제를 끝내다 / 친구를 만나러 가겠습니다.
2) 영화를 보다 / 식사를 했습니다.

3) 테니스를 치다 / 맥주를 마시러 갑시다.

4) 일기를 쓰다 / 잤어요.

5) 화장을 하다 / 옷을 입습니다.

6. 가 : _____ ?
   나 : _____고 _____ .

> 보기　가 : 언제 식사를 할까요?
> 　　　　(일을 끝내다 / 식사를 하러 갑시다.)
> 　　　나 : 일을 끝내고 식사를 하러 갑시다.

1) 언제 여행을 가겠습니까?
   (시험을 보다 / 여행을 가겠습니다.)

2) 학교를 졸업하고 무엇을 하려고 합니까?
   (학교를 졸업하다 / 회사에서 일하려고 합니다.)

3) 화장을 하고 옷을 입습니까? 옷을 입고 화장을 합니까?
   (화장을 하다 / 옷을 입습니다.)

4) 운동을 하고 무엇을 하려고 합니까?
   (운동을 하다 / 목욕을 하려고 합니다.)

5) 수업을 끝내고 오후에는 어디에 갑니까?
   (수업을 끝내다 / 오후에는 아르바이트를 하러 갑니다.)

제 7 과

저는 잘 모르니까 선생님이 시키세요.

찻집에서 (在茶馆)

리무화: 무슨 차를 시킬까요?
李慕华: 点什么茶？

사이토: 저는 잘 모르니까 선생님이 시키세요.
济藤: 我不懂，您点吧！

리무화: 여보세요, 여기 인삼차 두 잔 주세요.
李慕华: 劳驾，这儿来两杯人参茶。

사이토: 지금 시킨 차가 한국차예요?
济藤: 现在点的是韩国茶吗？

 生词

차	茶	시키다	点
모르다	不知道	여보세요	劳驾（不相识的人们招呼）
인삼차	人参茶	~잔	~杯

 语法

~(으)니까

　　连接词尾。用于谓词词干后，表示原因或理由。后面分句的终结词尾没有限制，即'~아/어/여서'和'~기 때문에'不能用'~(으)십시오'，'~(으)ㅂ시다'，'~(으)ㄹ까요?'。只能和'~(으)니까'连用。相当于汉语"因为……所以……"。开音节后用'~니까'，闭音节后用'~으니까'。

> 보기　아침에는 바쁘니까 저녁에 전화하십시오.
> 　　　早上忙，请晚上打电话吧!
>
> 　　　지하철이 빠르니까 지하철로 갑시다.
> 　　　地铁快，坐地铁去吧。
>
> 　　　산에 가면 밤에 추우니까 따뜻한 옷이 필요합니다.
> 　　　上山以后天气会变凉，需要保暖的衣服。

~(으)ㄴ

　　动词定语形词尾。用在动词词干后，是定语过去时态的定语形词尾。开音节后接'~ㄴ'，闭音节后接'~은'。

제7과 저는 잘 모르니까 선생님이 시키세요.

[보기] 일본에서 사람이 왔습니다. 그 사람입니다.
　　　　→ 일본에서 온 사람입니다.

从日本来人了。 是那个人。
　　→ 是从日本来的人。

어제 책을 샀습니다. 그 책을 읽었습니다.
　　→ 어제 산 책을 읽었습니다.

昨天买书了。 看了那本书。
　　→ 看了昨天买的书。

지난주에 산에 갔습니다. 그 산이 북한산입니다.
　　→ 지난주에 간 산이 북한산입니다.

上周上山了。 那山是北汉山。
　　→ 上周去的山是北汉山。

 句型练习

보충 단어 补充生词

우산	伞，雨伞	가지고 가다	拿去
다르다	不同	빠르다	快
서울역	首尔站	평일	平日（星期一~星期五）
유자차	柚子茶	~병	~瓶
메뉴	菜单	물	水
~ 인분	~人份	~ 그릇	~碗（盘）
문법	语法		

1. _____(으)니까 _____ .

> 보기 비가 오다 / 우산을 가지고 가십시오.
> → 비가 오니까 우산을 가지고 가십시오.

1) 저는 잘 모르다 / 다른 사람에게 물어 보십시오.
2) 그 식당이 값도 싸고 깨끗하다 / 거기로 갈까요?
3) 자동차가 많다 / 교통이 복잡합니다.
4) 힘들다 / 좀 쉽시다.
5) 이 책이 어렵다 / 읽고 싶지 않습니다.

2. 가 : _____ ?
   나 : _____(으)니까 _____ .

> 보기 가: 뭘 탈까요? (지하철이 빠르다 / 지하철을 탑시다.)
> 나: 지하철이 빠르니까 지하철을 탑시다.

1) 차를 마시러 갈까요?
   (배가 고프다 / 식사를 하러 갑시다.)
2) 몇 번 버스가 서울역에 갑니까?
   (저는 잘 모르다 / 다른 사람에게 물어 보십시오.)
3) 왜 버스를 타지 않습니까?
   (교통이 복잡하다 / 버스를 타지 않습니다.)
4) 언제 만날까요?
   (평일에는 바쁘다 / 주말에 만납시다.)
5) 이번 주말에 놀러 갈까요?
   (피곤하다 / 쉬고 싶습니다.)

3. 여보세요, 여기 _____ 주십시오.

> 보기 유자차 두 잔
> → 여보세요, 여기 유자차 두 잔 주십시오.

1) 커피 석 잔
2) 맥주 한 병
3) 메뉴하고 물
4) 불고기 2인분
5) 냉면 한 그릇하고 비빔밥 한 그릇

4. _____(으)ㄴ _____ .

> 보기 받았다 / 선물
> → 받은 선물

1) 봤다 / 영화
2) 시켰다 / 음식
3) 읽었다 / 책
4) 썼다 / 편지
5) 만들었다 / 옷

5. _____(으)ㄴ _____ .

> 보기 어제 만났다 / 친구가 누구입니까?
> → 어제 만난 친구가 누구입니까?

1) 지난주에 봤다 / 영화가 재미있었습니까?
2) 일본에서 왔다 / 사람들이 거기에서 많이 삽니다.

3) 오늘 배웠다 / 문법을 집에서 공부했습니다.

4) 어제 입었다 / 옷을 어디에서 샀습니까?

5) 제가 만들었다 / 음식을 사람들이 많이 먹었습니다.

韩国的茶

在中国一般指的茶是红茶、绿茶、茉莉花茶、乌龙茶等以茶叶加工制成的东西。但是韩国茶的原料不一定是茶叶。比如，韩国人爱喝的大麦茶、玉米茶等是用粮食加工制成的。

虽然跟中国人喝茶的嗜好是不一样，但是韩国人也喜欢喝茶。茶是韩国家庭中必备的东西。这也许是随着地下水的污染，不能直接饮用自来水的结果吧。

韩国也是有很多茶类的国家。要品尝韩国茶的真味，不妨光顾一下韩国的传统茶屋。在首尔的仁寺洞有很多这样的店铺。

为了讲究气氛，茶屋内稍微黑暗，有时还点着蜡烛。一进里面，韩国茶特有的、带有草药的香气茶香扑鼻过来，仿佛重返昔日的田园生活。

根据医食同源思想，韩国茶是以中草药材和水果制成的。肉桂风味的水正果，柚子风味的柚子茶，用高丽参汁肉制成人参茶都是大受欢迎的传统茶。

传统茶店不分男女老少，是年轻女孩子们爱去的地方。也是高档的，有品味的约会场所。

제 8 과

고향에 갈 계획입니다.

경수 : 가족이 모두 몇 명입니까?
京洙 : 你家一共有几口人？

사이토: 5명입니다. 부모님이 계시고, 남동생 하나, 여동생이 하나 있습니다.
济藤 : 5口人，父母、一个弟弟、一个妹妹。

경수 : 가족이 보고 싶겠군요.
京洙 : 那一定很想家吧！

사이토: 그럼요. 그래서 이번 학기가 끝난 후에 고향에 갈 계획입니다.
济藤 : 当然啦。所以打算这学期结束后回家。

 生词

모두	全	~명	~名，~人
남동생	弟弟	여동생	妹妹
이번	这次	학기	学期
끝나다	结束	계획	计划

 语法

~겠군요

　　终结词尾。是表示推测的'겠'和对刚知道的事情表示感叹的'군요'的结合体，用于谓词词干后，表示对刚知道的情况进行推测。

보기

가: 어제 잠을 자지 못했습니다.
　　昨天没睡觉。
나: 피곤하겠군요.
　　一定很疲倦吧！

가: 오늘 집에 손님이 오십니다.
　　今天家里要来客人。
나: 바쁘겠군요.
　　一定很忙吧！

가: 한국에서 10년 살았습니다.
　　在韩国生活了十年。
나: 한국말을 잘하시겠군요.
　　韩国语一定讲得很好。

~(으)ㄹ

定语形词尾。用于动词、形容词词干后，是定语将来时态标志，表示推测。 开音节后和以韵尾'ㄹ'结尾时用'ㄹ'，闭音节后用'을'。

> 보기　내일 친구를 만나겠습니다. 그 친구는 고등 학교 친구입니다.
> 　　　→ 내일 만날 친구는 고등 학교 친구입니다.

明天要见朋友。那朋友是高中时的朋友。
　→ 明天要见的人是高中时的朋友。

산에서 음식을 먹겠습니다. 그 음식을 준비했습니다.
　→ 산에서 먹을 음식을 준비했습니다.

打算在山上吃饭。准备了饭菜。
　→ 准备了在山上吃的饭菜。

시장에서 물건을 사겠습니다. 그 물건이 많습니다.
　→ 시장에서 살 물건이 많습니다.

要去市场买东西。要买的东西很多。
　→ 要在市场买的东西很多。

 句型练习

보충 단어 补充生词

잘생기다	长相好，英俊	배우	演员
한가하다	悠闲，闲暇	도시락	饭盒

1. _____겠군요.

   > 보기 피곤하다
   > → 피곤하겠군요.

   1) 시간이 없다
   2) 배가 고프다
   3) 한국말을 잘하다
   4) 잘생겼다
   5) 벌써 떠났다

2. 가 : _____.
   나 : _____겠군요.

   > 보기 가 : 오늘 선물을 받았습니다. (기분이 좋다)
   > 나 : 기분이 좋겠군요.

   1) 내일 시험입니다. (바쁘다)
   2) 이것은 우리 어머니가 만든 김치입니다. (맛있다)
   3) 제 여동생이 영화 배우입니다. (예쁘다)
   4) 요즘 방학입니다. (한가하다)
   5) 그분이 여기에서 9시에 출발했습니다. (지금쯤 집에 도착했다)

3. 가 : _____.
   나 : _____(으)ㄴ 후에 _____.

   > 보기 가 : 수업이 끝난 후에 무엇을 하려고 합니까?
   >   (수업이 끝나다 / 백화점에 가려고 합니다.)
   > 나 : 수업이 끝난 후에 백화점에 가려고 합니다.

제8과 고향에 갈 계획입니다.

1) 언제 결혼하셨습니까?
   (대학교를 졸업하다 / 결혼했습니다.)
2) 점심을 먹은 후에 뭘 할까요?
   (점심을 먹다 / 영화를 보러 갑시다.)
3) 한국말을 배운 후에 무엇을 하겠습니까?
   (한국말을 배우다 / 한국에서 일하겠습니다.)
4) 산책을 한 후에 무엇을 했습니까?
   (산책을 하다 / 아침을 먹었습니다.)
5) 이 선생님에게 언제 연락하셨습니까?
   (회사에서 일을 끝내다 / 연락했습니다.)

4. _____(으)ㄹ _____

> 보기   여행을 가겠다 / 계획
> → 여행을 갈 계획

1) 다음에 배우겠다 / 문법
2) 오후에 만나겠다 / 사람
3) 준비하겠다 / 물건
4) 내일 입겠다 / 옷
5) 저녁에 만들겠다 / 음식

5. _____(으)ㄹ _____ .

> 보기   친구에게 주겠다 / 선물을 샀습니다.
> → 친구에게 줄 선물을 샀습니다.

1) 시장에서 사겠다 / 물건이 많습니다.
2) 오늘 저녁에 만나겠다 / 친구가 고향 친구입니다.

3) 기차에서 보겠다 / 신문을 샀습니다.

4) 산에서 먹겠다 / 도시락을 준비했습니다.

5) 결혼한 후에 우리가 살겠다 / 집입니다.

火炕（温突）

　　火炕是严寒地区的一种过冬用的建筑结构。对于生长和生活在中国北方的人来说，火炕不是特别陌生的概念。在韩国的大部分地区都使用火炕。

　　据说，火炕是随着高句丽族的南下而从北方传入的防寒设施。

　　传统式的火炕是，地板底下用石头（砖头）做成一道一道的烟道，烟道的一头连接灶台，另外一头连接在房屋外面的烟筒。做饭时烧的烟火通过烟道，经过循环后，从烟筒往外冒出。这样，既可以做饭，又可以取暖，而且还能节省取暖费，真可以说是一箭双雕。

　　现在，城市里的住宅、楼房、公寓用的火炕是温水式火炕。与传统式相比，现代式火炕是地板底下埋着一道一道的过水的管道。热水通过管道在地板底下循环，变凉的水返回到原处加热之后再流出去，这是一种用不着操心温度下降而且非常具有合理性的采暖系统。

　　在冬天，薄薄的褥子底下直接能感觉到温暖，使能安然入睡。尤其是，第二天早上起床的时候，屋里的空气也是暖烘烘的。火炕是冬天居住的好伙伴。

제 9 과

여행사에 가서 비행기표를 사려고 합니다.

리무화 :	어디에 가십니까?
李慕华 :	您去哪儿?

낸시 :	시내에 있는 여행사에 가서 비행기표를 사려고 합니다.
念士 :	想去市内旅行社买机票。

리무화 :	저도 시내에 가려고 합니다. 같이 갈까요?
李慕华 :	我也想去市内,一起去好吗?

낸시 :	그럽시다. 그런데 시간이 별로 없으니까 택시로 가는 것이 어떻습니까?
念士 :	好啊。但是时间不多了,坐出租汽车去怎么样?

 生词

여행사　　旅行社　　　　　　　비행기표　飞机票
그런데　　但是　　　　　　　　별로　　　不太
택시　　　出租汽车，的士

 语法

~아/어/여서

　　连接词尾。用于谓词词干后，连接有先后关系的两个动作，表示前一动作是后一动作的情态。即前一动作与后一动作同时进行或前一动作虽已结束，但所形成的状态在进行后一动作时仍保持着，是由同一主体所表现出来的。当表示理由时，'~아/어/여서'后面的句子没有限制。当谓词词干以元音'~아/오'结尾时，用'~아서'，以其他元音结尾时，用'~어서'，'~하다'时用'~여서'。

보기　　식당에 가서 식사를 할까요?
　　　　去食堂吃饭好吗?

　　　　음식을 만들어서 먹었습니다.
　　　　做菜吃了。

　　　　친구가 결혼해서 아이를 두 명 낳았습니다.
　　　　朋友结了婚，生了两个小孩儿。

~(으)로

　　造格词尾。用于名词后，表示行动的手段、方法、工具等。相当于汉语的"用……"。开音节后和以韵尾'ㄹ'结尾时用'로'，闭音节后用'~으로'。

제9과 여행사에 가서 비행기표를 사려고 합니다.

| 보기 | 수저로 먹습니다.
用汤匙吃。

지하철로 왔습니다.
坐地铁来的。

볼펜으로 쓰십시오.
请用圆珠笔写。

~는 것

是动词定语现在时的定语形词尾'~는'和不完全名词'것'的结合体, 起到将动词或句子名词化的作用。

| 보기 | 운동을 하는 것은 재미있습니다.
运动有意思。

지는 것이 이기는 것이다.
输便是赢。

피곤합니다. 쉬는 것이 어떻습니까?
累了, 休息怎么样?

 句型练习

보충 단어 补充生词

돈을 찾다	取钱	중국집	中国饭店
자장면	炸酱面	모으다	集, 取集
하숙비	寄宿费	젓가락	筷子
지우개	擦子, 橡皮擦	지우다	消除, 抹掉
카드	卡片, 信用卡	수저	匙和筷
크레파스	彩色蜡笔	면도를 하다	刮脸, 刮胡子

전기 면도기 电动剃须刀   장난감   玩具

1. _____아/어/여서 _____ .

> 보기   시내에 가다 / 뭘 하시겠습니까?
> → 시내에 가서 뭘 하시겠습니까?

1) 집에 가다 / 숙제를 하겠습니다.
2) 은행에 가다 / 돈을 찾으려고 합니다.
3) 친구를 만나다 / 영화를 봤습니다.
4) 불고기를 만들다 / 친구와 같이 먹었습니다.
5) 책을 사다 / 친구에게 선물했습니다.

2. 가 : _____ ?
   나 : _____아/어/여서 _____ .

> 보기   가 : 고향에 가서 뭘 하겠습니까?
>   (고향에 가다 / 친구를 만나겠습니다.)
>   나 : 고향에 가서 친구를 만나겠습니다.

1) 중국집에 가서 뭘 먹었습니까?
   (중국집에 가다 / 자장면을 먹었습니다.)
2) 돈을 모아서 뭘 하려고 합니까?
   (돈을 모으다 / 여행을 하려고 합니다.)
3) 롯데 백화점 전화 번호가 몇 번입니까?
   (114에 전화하다 / 물어 보십시오.)
4) 불고기를 만들어서 누구와 같이 먹었습니까?
   (불고기를 만들다 / 친구와 같이 먹었습니다.)
5) 그 책을 사서 누구에게 선물했습니까?
   (그 책을 사다 / 친구에게 선물했습니다.)

제9과 여행사에 가서 비행기표를 사려고 합니다.

3. 별로 _____지 않습니다.

> 보기 복잡하다
> → 별로 복잡하지 않습니다.

1) 비싸다
2) 재미있다
3) 많다
4) 열심히 공부하다
5) 잘하다

4. 가 : _____ (스)ㅂ니까?
   나 : 아니오, 별로 _____지 않습니다.

> 보기 하숙비가 싸다
> 가 : 하숙비가 쌉니까?
> 나 : 아니오, 별로 싸지 않습니다.

1) 그 영화가 재미있다
2) 요즘 열심히 공부하다
3) 그 친구가 한국말을 잘하다
4) 시험이 어렵다
5) 지하철에 사람이 많다

5. _____(으)로 _____.

> 보기 젓가락 / 먹습니다.
> → 젓가락으로 먹습니다.

1) 전화 / 연락합니다.

2) 지우개 / 지웁니다.

3) 카드 / 돈을 찾습니다.

4) 연필 / 공책에 쓰십시오.

5) 지하철 / 학원에 왔습니다.

6. 가 : _____(스)ㅂ니까?

   나 : _____(으)로 _____ .

   > 보기 가 : 한국 음식을 무엇으로 먹습니까? (수저)
   >   나 : 수저로 먹습니다.

   1) 친구와 어느 나라 말로 이야기합니까? (한국말)

   2) 공책에 무엇으로 씁니까? (볼펜)

   3) 학원에 무엇으로 왔습니까? (지하철)

   4) 아이가 무엇으로 그림을 그립니까? (크레파스)

   5) 아침마다 무엇으로 면도를 합니까? (전기 면도기)

7. 가 : _____ .

   나 : _____는 것이 어떻습니까?

   > 보기 가 : 아이들 선물은 무엇이 좋습니까? (장난감을 사다)
   >   나 : 장난감을 사는 것이 어떻습니까?

   1) 하숙집이 시끄러워서 공부할 수 없어요.
      (도서관에 가서 공부를 하다)

   2) 이 단어를 아세요? (선생님께 물어 보다)

   3) 너무 피곤하군요. (그럼, 좀 쉬다)

   4) 지하철에 사람이 많군요. (그럼, 다음 차를 타다)

   5) 매워서 먹기가 어려워요. (다른 음식을 시키다)

제 10 과

저 사람이 입고있는 옷이 어때요?

남대문 시장에서 (在南大门市场)

떵위링 : 저 사람이 입고 있는 옷이 어때요?
邓玉玲 : 那个人穿的衣服怎么样？

낸시 : 색깔도 좋고 디자인도 멋있네요.
念士 : 颜色好，样式也好。

떵위링 : 저도 저런 옷을 한 벌 사고 싶어요.
邓玉玲 : 我也想买那样一套衣服。

낸시 : 저쪽에 옷가게가 많으니까 천천히 가면서 구경해 봅시다.
念士 : 那边还有很多卖衣服的，慢慢儿看吧。

 生词

입다	穿	좋다	好
디자인	设计，式样，图案	멋있다	好看
저런~	那样	~벌	~套
저쪽	那边	많다	多
천천히	慢慢地		

 语法

~고 있다

　　常用格式。常用于与人有关的"穿"以及"乘（车）"等动词词干后，虽然动作已结束，但状态却持续地进行着。相当于汉语的"动词+着"。

> 보기　아이가 모자를 쓰고 있습니다.
> 孩子带着帽子。
> 저기 예쁜 한복을 입고 있는 사람이 누구입니까?
> 那边穿着漂亮韩服的人是谁？
> 버스에 사람들이 많이 타고 있습니다.
> 车上有（着）很多人。

~네요

　　终结词尾。用于谓词词干后，带有感叹的语气。

|보기| 날씨가 참 따뜻하네요.
天气真暖和。

참 놀랍네요.
真惊人。

아이가 피아노를 참 잘 치네요.
小孩的钢琴弹得真棒。

~(으)면서

连接词尾。用于谓词词干后,连接两个动作或两种状态,表示两种行为同时并进。相当于汉语的"一面……一面"、"一边……一边"、"……的同时……"。开音节后和以韵尾'ㄹ'结尾时用'~면서',闭音节后用'~으면서'。

|보기| 저는 식사를 하면서 신문을 봅니다.
我边吃饭边看报。

대학교에 다니면서 아르바이트를 했어요.
念大学的时候还打工了。

책을 읽으면서 음악을 듣습니다.
边看书边听音乐。

~아/어/여보다

用在动词词干后,表示动作的"试行"或"经验"。相当于汉语的"看看"、"试试"或"过"。当谓词词干的韵尾以元音'~아/오'结尾时,用'~아보다',以其他元音结尾时,用'~어보다','하다'用'~여보다'。

|보기| 남대문 시장에 같이 가봅시다.
一起去南大门看看。

그 책을 읽어보세요.
你看看那本书吧。

그 사람과 이야기를 해 봤습니다.
和他聊过。

 句型练习

보충 단어 补充生词

운동화	运动鞋	신다	穿（鞋、袜子）
안경을 쓰다	戴眼镜	넥타이를 매다	系领带
반지를 끼다	戴戒指	치마	裙子
반바지	短裤	짜다	咸
가수	歌手	생각을 하다	想
걷다	走	춤을 추다	跳舞
외우다	背诵	조금만	一点儿
더	更	삼계탕	参鸡汤

1. _____고 있습니다.

> 보기　예쁜 옷을 입다
> 　　　→ 예쁜 옷을 입고 있습니다.

　　1) 운동화를 신다

　　2) 안경을 쓰다

　　3) 큰 가방을 들다

　　4) 넥타이를 매다

　　5) 반지를 끼다

2. 가 : 누가 _____고 있습니까?

   나 : _____이/가 _____고 있습니다.

   > 보기 치마를 입다 / 제인 씨
   >   가 : 누가 치마를 입고 있습니까?
   >   나 : 제인 씨가 치마를 입고 있습니다.

   1) 반바지를 입다 / 마크 씨
   2) 구두를 신다 / 영희 씨
   3) 안경을 쓰다 / 수잔 씨
   4) 비싼 반지를 끼다 / 사장님
   5) 멋있는 넥타이를 매다 / 김 부장님

3. _____네요.

   > 보기 날씨가 좀 춥다
   >   → 날씨가 좀 춥네요.

   1) 조금 짜다
   2) 사람이 많다
   3) 운전을 잘하시다
   4) 어머니가 음식을 만드시다
   5) 시간이 늦었다

4. 가 : _____ .

   나 : _____네요.

   > 보기 가 : 맛이 어떻습니까? (참 맛있다)
   >   나 : 참 맛있네요.

1) 이 음악이 어떻습니까? (조용하고 좋다)

2) 이 사진 좀 보세요. 이 사람이 제 친구예요. (키가 아주 크다)

3) 저 가수 노래가 어떻습니까? (노래를 잘 부르다)

4) 도서관에 사람이 많지요? (학생들이 열심히 공부하다)

5) 제가 만든 옷인데 어떻습니까? (아주 잘 만들었다)

5. _____ (으)면서 _____ .

> 보기 노래를 부르다 / 일을 합니다.
> → 노래를 부르면서 일을 합니다.

1) 식사를 하다 / 신문을 읽습니다.

2) 생각을 하다 / 걷습니다.

3) 음악을 듣다 / 운전을 해요.

4) 춤을 추다 / 노래를 부릅니다.

5) 대학교에 다니다 / 아르바이트를 했어요.

6. 가 : _____(으)면서 _____(으)십니까?
   나 : 네, _____(으)면서 _____(스)ㅂ니다.

> 보기 노래를 부르다 / 일을 하다
>   가 : 노래를 부르면서 일을 하십니까?
>   나 : 네, 노래를 부르면서 일을 합니다.

1) 텔레비전을 보다 / 숙제를 하다

2) 학교에 오다 / 단어를 외우다

3) 라디오를 듣다 / 운전을 하다

4) 식사를 하다 / 가족들과 이야기하다

5) 일을 하다 / 한국말을 배우다

7. _____아/어/여 보다

> 보기 전화를 하다 / 보십시오.
> → 전화를 해 보십시오.

1) 제주도에 가다 / 보세요.
2) 이 옷을 한번 입다 / 보겠습니다.
3) 조금만 더 기다리다 / 봅시다.
4) 박 선생님께 연락하다 / 볼까요?
5) 삼계탕을 먹다 / 보고 싶습니다.

8. 가 : _____ .
   나 : _____ .

> 보기 가 : 한국 역사책을 읽어 보십시오. (네)
> 나 : 네, 한국 역사책을 읽어 보겠습니다.

1) 같이 김치를 만들어 볼까요? (네)
2) 어디에 가 보고 싶습니까? (설악산)
3) 그 사람을 만나 보십시오. (네)
4) 이 약을 먹어 보십시오. (네)
5) 태권도를 배워 보고 싶습니까? (아니오)

REVIEW

Lesson 6 ~ Lesson 10   제6과~제10과

 阅读练习 1

나의 꿈

민석 : 정은 씨는 졸업한 후에 뭘 하실 계획이에요?

정은 : 저는 영화를 좋아하기 때문에 외국 영화를 한국말로 번역하는 일을 하고 싶어요.

민석 : 그럼, 전공과 관계도 있고 영화를 보면서 일하니까 아주 재미있겠 군요. 옛날에는 꿈이 뭐였어요?

정은 : 저는 간호사나 선생님이 되고 싶었어요. 민석 씨는요?

민석 : 저는 하루 종일 공짜로 차를 탈 수 있는 택시 운전사나 하루 종일 공짜로 먹을 수 있는 요리사가 되고 싶었어요.

정은 : 하하하, 사람들은 보통 꿈이 큰데 민석 씨는 그렇지 않았군요.

단어 生词

외국	外国	번역하다	翻译（笔译）
전공	专业	관계가 있다	有关系
옛날	以前，古代	꿈	梦，希望
간호사	护士	되다	成，行，可以
하루 종일	整天	공짜로	免费
운전사	司机	요리사	厨师
보통	通常，一般	그렇다	那样

연습문제 练习问题

1. 정은 씨는 졸업 후에 뭘 하려고 합니까?
   _____

2. 정은 씨는 옛날에는 무엇이 되고 싶었습니까?
   _____

3. 민석 씨는 왜 택시 운전사나 요리사가 되고 싶었습니까?
   _____

我的梦想

民锡：婷恩，毕业以后想干什么？
贞恩：我喜欢电影。所以我想搞翻译，把外国电影翻译成韩国语。
民锡：刚好和专业对口。把看电影当工作，真有意思。以前的理想是什么？
贞恩：想当护士和老师。你呢？
民锡：我想当每天都能坐免费车的出租司机，或者每天都能吃免费饭的厨师。
贞恩：哈哈哈……通常每个人的理想都很远大，而你却并不这样啊！

 阅读练习 2

설 날

　지난 설날 연휴에 우리 가족은 기차로 부산에 있는 할아버지 댁에 갔습니다. 우리 집은 서울에 있기 때문에 보통 때는 큰집 식구들을 자주 만나지 못합니다. 우리 가족은 설날 전날 오후 네 시쯤 큰집에 도착했습니다. 큰집 식구들이 만두를 만들고 계셔서 우리 가족도 같이 만들었습니다.
　설날 아침에 한복을 입고 차례를 지냈습니다. 그리고 어른들께 세배를 했습니다. 할아버지께서 세배를 받으신 후에 세뱃돈을 주셨습니다. 그 후에 식구들하고 같이 떡국과 잡채, 식혜 등 맛있는 음식을 많이 먹었습니다. 식사를 끝내고 사촌들과 함께 윷놀이도 하고 이야기도 하면서 즐거운 하루를 보냈습니다.

단어 生词

설날	春节，元旦	연휴	多休日，连假
댁	宅（'집'的敬语）	큰집	大伯家
식구	家口	전날	前一天
도착하다	到，到达	만두	饺子，包子
한복	韩服	어른	成人
차례를 지내다	进行祭祀	세배하다	拜年
세뱃돈	压岁钱	떡국	年糕汤
잡채	杂菜	식혜	食醯
~ 등	~等	사촌	堂兄
윷놀이	尤茨游戏，掷柶	보내다	度过

연습 문제 练习问题

1. 우리 가족은 왜 큰집 식구들을 자주 만날 수 없습니까?
   _____

2. 설날에 아침 식사를 하기 전에 무엇을 했습니까?
   _____

3. 설날에 어떤 음식들을 먹었습니까?
   _____

4. 사촌들과 무엇을 하면서 놀았습니까?
   _____

春节

　　去年春节长假时，我们一家人坐火车去了釜山爷爷家。我家在首尔，不能常和大伯家人见面。我们是春节前一天的下午四点左右到大伯家的。到的时候，大伯家正在做饺子，我们也和他们一起包饺子了。

　　春节早上，穿上韩服，进行了祭祀。随后给大人们拜年。给爷爷拜年还得到了压岁钱。之后和大家一起吃了年糕汤、杂菜、食醯等很多好吃的东西。吃完饭便和堂兄们一起玩了尤茨游戏，然后聊天儿，度过了很愉快的一天。

 运用练习

1. 밑줄 친 곳을 알맞게 고치십시오.

   1) 저와 같이 <u>살는</u> 친구는 대만 사람입니다.
   2) 이 책방에는 <u>재미있은</u> 책들이 많아요.
   3) 어제 <u>만날</u> 친구는 요즘 같이 <u>공부한</u> 친구입니다.
   4) <u>가깝은</u> 지하철역이 어디에 있습니까?
   5) 냉장고에 <u>먹는</u> 것이 없어요.
   6) 남대문 시장에서 <u>싸는</u> 옷과 <u>크는</u> 가방을 샀어요.

2. 알맞은 것을 고르십시오.

   1) 편지를 (쓰고, 써서) 숙제를 하겠습니다.
   2) 지금 식사를 합니다. 밥을 (먹고, 먹어서) 제가 다시 전화하겠습니다.
   3) 은행에서 돈을 (찾고, 찾아서) 지갑에 넣었습니다.
   4) 여기에서 (내리고, 내려서) 오른쪽으로 가세요.
   5) 가게에서 산 과일을 (씻고, 씻어서) 먹습니다.
   6) 친구를 (만나고, 만나서) 같이 영화를 (보고, 봐서) 차도 마셨습니다.

3. 다음 그림을 보고 형용사 (形容词) 는 알맞은 형태로 바꾸고, 동사 (땡늦) 는 '~고있다' 식으로 바꾸십시오.

> **보기** 얼굴이 <u>예쁜</u> 분이 우리 선생님입니다.
> (예쁘다)
> 우리 선생님은 교과서를 <u>들고 있습니다</u>.
> (들다)

여기는 우리 교실입니다.

선생님 앞에 있는 1) _____ 남학생이 마이클 씨입니다.
                      (뚱뚱하다)

마이클 씨는 바지를 2) _____고, 운동화를 3) _____(스)ㅂ니다.
              (입다)   (신다)

키가 4) _____ 남학생은 일본에서 온 다나카 씨입니다.
     (작다)

그분은 넥타이를 5) _____(스)ㅂ니다.
             (매다)

다나카 씨 옆에 있는 머리가 6) _____ 학생이 저입니다.
                        (길다)

저는 모자를 7) _____(스)ㅂ니다.
        (쓰다)

우리 반 학생들은 날마다 열심히 공부를 합니다.

저는 우리 반 친구들을 좋아합니다.

 听力练习

1. 다음 이야기를 듣고 알맞은 답을 고르십시오.

   1) 나는 어떤 음식을 좋아합니까? (   )
      ① 육개장   ② 김치 찌개   ③ 삼계탕   ④ 비빔 냉면

   2) 삼계탕은 어떤 음식입니까? (   )
      ① 시원한 음식   ② 건강에 좋은 음식
      ③ 매운 음식   ④ 단 음식

   3) 겨울에는 왜 뜨거운 음식을 많이 먹어요? (   )
      ① 날씨가 따뜻하기 때문에
      ② 날씨가 춥기 때문에
      ③ 빨리 배가 부르기 때문에
      ④ 건강에 좋기 때문에

2. 다음 그림을 보면서 잘 듣고 알맞은 답을 고르십시오.

   1) (   )   2) (   )   3) (   )

꽃
(花)

제 11 과

저도 한 번 가 본 일이 있어요.

사이토 : 고향에 있는 가족들이 그립습니다.
济藤　：　很想念故乡的亲人。

리무화 : 고향이 어디입니까?
李慕华　：　故乡在哪儿?

사이토 : 일본 지바인데 동경 근처에 있어요.
济藤　：　日本千叶, 在东京附近。

리무화 : 저도 한 번 거기에 가 본 일이 있어요.
李慕华　：　我也曾经去过一次。

 生词

그립다	想念，思念	일본	日本
지바	千叶（地名）	동경	东京

 语法

~(으)ㄴ/는데

　　连接词尾。用于谓词词干后，对某种行为或发生某种事情的背景和条件进行说明，主要用于介绍、理由、转折、提示等。形容词词干后用'~(으)ㄴ데'，动词词干后用'~는데'，形容词中的'~있다, ~없다'后用'~는데'。当前一分句先出现时，可用'~았/었/였는데'。

> 보기　저는 일본 사람인데 요즘 한국말을 공부하고 있습니다.
> 我是日本人，最近学习韩语。
>
> 날씨가 추운데 집에서 공부합시다.
> 天气冷，在家学习吧。
>
> 내일부터 휴가인데 무엇을 할 예정입니까?
> 明天开始放假，你打算做什么？
>
> 어제 비가 많이 왔는데 등산을 갔습니다.
> 昨天雨下得很大，但还是去登山了。

~(으)ㄴ 일(=적)이 있다/없다

　　常用格式。是定语形词尾'~(은)는'和不完全名词'일'或'적'的结合体，表示曾经有过进行某种事的经验。相当于汉语的"曾经"、"……过"或"未曾"、"没……过"。

| 보기 | 저는 일본에 간 일이 있습니다.
我去过日本。

저는 그 여자를 만난 일이 없습니다.
我没见过那女孩。

이 노래를 들은 적이 있습니까?
听过这歌吗?

 句型练习

보충 단어 补充生词

대학생	大学生	은행원	银行员
수술하다	手术	민속촌	民俗村
배	船	막걸리	马格利酒 (也叫浊酒, 韩国米酒)
깎다	压 (价), 杀 (价)		

1. _____(으)ㄴ/는데 _____ .

> 보기 일본 사람이다 / 회사원입니다.
>   → 일본 사람인데 회사원입니다.

1) 제 이름은 김미영이다 / 지금 대학생입니다.
2) 일본에서 왔다 / 한국말을 배우고 있습니다.
3) 이 사람은 제 친구이다 / 은행원입니다.
4) 이 옷은 남대문 시장에서 샀다 / 싸고 좋습니다.
5) 이것은 친구한테서 받았다 / 아주 편리합니다.

2. _____(으)ㄴ 일이 있습니다.
   _____(으)ㄴ 일이 없습니다.

> 보기   그 소설을 읽다
>   → 그 소설을 읽은 일이 있습니다.
>   그 소설을 읽은 일이 없습니다.

   1) 한국 영화를 보다
   2) 한자를 배우다
   3) 전에 수술하다
   4) 한국 사람한테서 초대를 받다
   5) 시골에서 살다

3. _____아/어/여 본 일이 있습니다.
   _____아/어/여 본 일이 없습니다.

> 보기   한국말로 편지를 쓰다
>   → 한국말로 편지를 써 본 일이 있습니다.
>   한국말로 편지를 써 본 일이 없습니다.

   1) 민속촌에 가다
   2) 배를 타다
   3) 기차로 여행을 하다
   4) 한복을 입다
   5) 남대문 시장에서 물건을 사다

4. 가 : _____아/어/여 본 일이 있습니까?
   나 : 네, _____아/어/여 본 일이 있습니다.
       아니오, _____아/어/여 본 일이 없습니다.

제11과 저도 한 번 가 본 일이 있어요.

> 보기 스키를 타다
> 가 : 스키를 타 본 일이 있습니까?
> 나 : 네, 스키를 타 본 일이 있습니다.
>   아니오, 스키를 타 본 일이 없습니다.

1) 외국에서 생활하다
2) 한국 음식을 만들다
3) 한국에서 병원에 가다
4) 막걸리를 마시다
5) 물건 값을 깎다

夜市

　　在首尔的夜市很多，历代闻名的夜市属南大门市场和东大门市场。这两个市场可以说是二十个小时营业。但是，最热闹的时候应该是深夜了。这里有卖食品的，卖衣服的，卖杂物的，应有尽有。

　　凌晨三点。从寂静的大街走到市场小巷，会眼前一亮。在唧唧喳喳的讨价还价声中，睡意跑到云霄之外。在柜台前问价格看质量的人，有事没有事地转来转去的人，交换信息的人，在马路边的摊子里填饱肚子的人，在灯火明亮、人来车往的热闹之中会使您忘掉现在是万籁俱寂的凌晨时分。

　　在半夜时分，到这里来购买东西的大部分人是外地来采购的店主。哪怕毛头也好，为了节省成本，他们一手拿着小册子，一手挎着大包，在人山人海的人潮中挤来挤去，作价格和质量比较。或者在一堆堆的衣服中，全神贯注地挑选合适的货物。

　　夜市吸引顾客的最大魅力在于它的价格。有些东西打六折，大量批货实行批发价。但是零售价格与白天的价格没有什么差别。因为，夜市的商人们迫不及待地等的客人是他们的老主顾或是大量购买的人。

　　「깎아주세요.(给我算便宜点儿吧.)」 这是在韩国的个体商那里买东西的时候最常使用的用语。但是韩国的价不像中国那么容易砍。在夜市里讨价还价行不通的情况也有的是。因为，夜市的商人们精明得很。

　　除了外地的采购商之外，本地的家庭主妇和年轻人也在这里购物。碰上好运气，在这里也可以购买到物美价廉的中意之物呢。

채 소
(蔬菜)

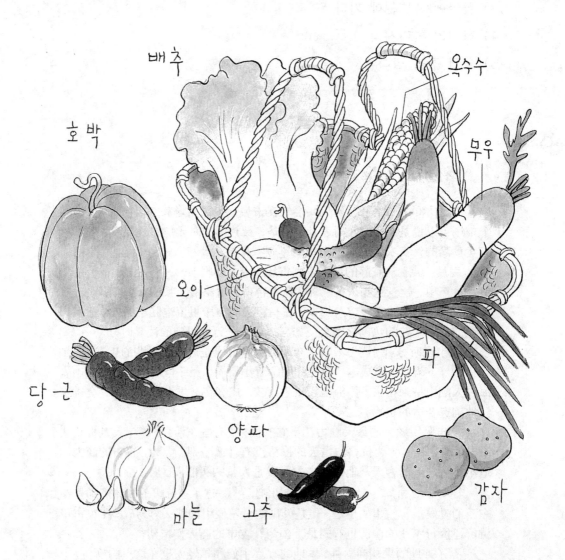

제 12 과

배가 고프시지요?

하숙집에서 (在寄宿房)

아주머니: 배가 고프시지요?
阿姨　　: 肚子饿了吧。

마쓰다　: 아니오, 점심을 늦게 먹어서 별로 배가 고프지 않아요.
松田　　: 没有。午饭吃得比较晚，还不怎么饿。

아주머니: 저녁 식사 준비는 끝났는데, 먼저 잡수세요.
阿姨　　: 晚饭已准备好了，先吃吧。

낸시　　: 아니오, 괜찮아요. 이따가 같이 먹겠습니다.
松田　　: 不了。待一会儿一起吃。

 生词

늦게	晚	준비	准备
잡수시다	吃（敬语）	이따가	待一会儿，以后

 语法

~지요?

　　疑问终结词尾。用于谓词词干后，表示肯定、确认的意图，即说话者对于某些事实想征求听者的肯定意见或认同。相当于汉语的"吧"。

보기	오늘이 수요일이지요?
	今天星期三吧?

한국말이 어렵지요?
韩国语难吧?

회의가 끝났지요?
会议结束了吧?

 句型练习

보충 단어 补充生词

싱겁다 （味道）淡　　　　　　소금　盐，食盐

넣다　　放　　　　　　　　　　빨리　快快地
들어가다　进去

1. _____지요?

> 보기　영화가 참 재미있다
> → 영화가 참 재미있지요?

1) 외국 사람이다
2) 내일 시험이다
3) 오늘 약속이 있다
4) 오늘 날씨가 덥다
5) 요즘 한국말을 배우다

2. 가 : _____(으)시지요?
　　나 : 네, _____(스)ㅂ니다.
　　　　아니오, _____지 않습니다.

> 보기　담배를 피우다
> 　　　가 : 담배를 피우시지요?
> 　　　나 : 네, 담배를 피웁니다.
> 　　　　　아니오, 담배를 피우지 않습니다.

1) 요즘 바쁘다
2) 부모님이 미국에 계시다
3) 오늘 친구를 만나다
4) 오후에 시내에 가다
5) 회사에 다니다

3. 가 : _____(으)셨지요?
   나 : 네, _____았/었/였습니다.
      아니오, _____지 않았습니다.

> 보기 일본에서 오다
> 가 : 일본에서 오셨지요?
> 나 : 네, 일본에서 왔습니다.
>   아니오, 일본에서 오지 않았습니다.

1) 결혼하다
2) 김 선생님께 연락하다
3) 오늘 아침에 신문을 보다
4) 대학교에서 역사를 공부하다
5) 이 책을 읽다

4. _____(으)ㄴ/는데_____.

> 보기 오늘은 바쁘다 / 내일 만납시다.
> → 오늘은 바쁜데 내일 만납시다.

1) 피곤하다 / 좀 쉴까요?
2) 가깝다 / 걸어서 갑시다.
3) 좀 싱겁다 / 소금을 넣으십시오.
4) 비가 오다 / 산에 가지 맙시다.
5) 영화가 시작되었다 / 빨리 들어갑시다.

제 13 과

미리 표를 사야 해요.

경수 : 서울 극장에서 재미있는 영화를 하는데, 같이 가시겠어요?
京洙 : 首尔剧场在放一部好电影，一起去吗？

명희 : 오늘은 좀 바쁜데, 내일은 어떻습니까?
明姬 : 今天有点忙，明天怎么样？

경수 : 토요일에는 사람이 많으니까, 미리 표를 사야 해요.
京洙 : 星期六人很多，得先买票。

명희 : 그럼, 제가 표를 사겠어요. 극장 앞에서 1시에 만나요.
明姬 : 那么，我买票。一点钟剧场前面见。

 生词

극장　剧场　　　　　　　　미리　先
앞　　前

 语法

~아/어/여야 해요

　　常用格式，用于谓词词干后，表示义务、应该。相当于汉语"要"、"必须"、"应该"等。当谓词词干以元音'아/오'结尾时用'~아야'，以其他元音结尾时用'어야'，'~하다'用'~여야'。

보기　　내일까지 이 책을 읽어야 해요.
　　　　到明天为止，看完这本书。

　　　　학생은 공부를 열심히 해야 해요.
　　　　学生应该努力学习。

　　　　수업은 재미있어야 해요.
　　　　上课必须有意思。

 句型练习

보충 단어 补充生词

~ 장　　张（量）　　　　　　부탁하다　拜托，请求

제13과 미리 표를 사야 해요.

돈을 내다	交钱	내리다	下(车)
중요하다	重要	꼭	一定
참석하다	出席	세일	减价, 甩卖
장소	场所		

1. _____(으)ㄴ/는데 _____ ?

   > 보기 영화표가 두 장 있다 / 같이 가시겠습니까?
   >   → 영화표가 두 장 있는데 같이 가시겠습니까?

   1) 저는 스즈키이다 / 사장님 계십니까?
   2) 내일부터 휴가이다 / 좋은 계획이 있어요?
   3) 저는 이 옷이 좋다 / 영호 씨는 어떻습니까?
   4) 지금 비가 오다 / 우산이 있습니까?
   5) 지금 백화점에 가다 / 부탁할 일이 있습니까?

2. _____ 아/어/여야 해요.

   > 보기 시험을 보다
   >   → 시험을 봐야 해요.

   1) 지금 출발하다
   2) 이 일을 오늘까지 끝내다
   3) 미리 예약하다
   4) 돈을 내다
   5) 밥을 먹은 후에 약을 먹다

3. 가 : _____ ?
   나 : _____ 아/어/여야 해요.

> 보기   가 : 몇 시까지 와야 해요? (오전 7시)
>   나 : 오전 7시까지 와야 해요.

1) 어디에서 내려야 해요? (시청역)
2) 청소를 하고 또 뭘 해야 해요? (요리를 하다)
3) 선생님 댁에 가기 전에 미리 연락해야 해요? (네)
4) 날마다 몇 시간 연습해야 해요? (2시간)
5) 날마다 이 약을 몇 번 먹어야 해요? (세 번)

4. _____(으)니까 _____ 아/어/여야 해요.

> 보기   손님이 오시다 / 음식을 준비하다
>   → 손님이 오시니까 음식을 준비해야 해요.

1) 중요한 회의이다 / 꼭 참석하다
2) 친구 생일이다 / 선물을 사다
3) 오늘 세일이 끝나다 / 백화점에 가다
4) 시험이 있다 / 공부하다
5) 약속 장소가 멀다 / 지금 출발하다

제 14 과

저는 따뜻한 봄이 제일 좋아요.

상우	:	사이토 씨는 어떤 계절을 좋아하세요?
相宇	:	济藤，你喜欢哪个季节？

사이토	:	특별히 좋아하는 계절은 없어요.
济藤	:	没有特别喜欢的季节。

상우	:	그래요? 저는 따뜻한 봄이 제일 좋아요.
相宇	:	是吗？我认为暖和的春天最好。

사이토	:	저도 전에는 봄이 가장 좋았는데, 요즘은 사계절이 다 좋아요.
济藤	:	我以前也认为春天最好，可最近我觉得四季都好。

101

 生词

계절	季节	특별히	特别
따뜻하다	暖和	봄	春天，春季
다	都		

 语法

어떤~

'어떤~'是疑问词'어떻다'的定语形，用于名词前，表示询问名词的种类、性质。相当于汉语的"什么样的"、"怎样的"、"哪……"等。

> 보기
> 어떤 사람이 좋아요? → 친절한 사람이 좋아요.
> 什么样的人好？　　　　和蔼的人好。
>
> 어떤 영화가 싫어요? → 슬픈 영화가 싫어요.
> 讨厌哪种电影？　　　　讨厌悲伤的电影。
>
> 어떤 자동차를 사고 싶어요? → 편하고 싼 자동차를 사고 싶어요.
> 想买什么样的车？　　　　想买方便、便宜的车。

~아/어/여하다

常用格式。用于表心理状态的形容词末尾，使该状态行动化，让别人能知道。方法为：表心理状态的形容词词干后加'~아/어/여하다'使其变成动词，并且可带宾语。

제14과 저는 따뜻한 봄이 제일 좋아요.

좋다 → 좋아하다
싫다 → 싫어하다
부럽다 → 부러워하다

보기 그 사람은 영화를 좋아합니다.
那人喜欢电影。

영희는 동생을 예뻐합니다.
英希喜欢弟弟（妹妹）。

제 친구가 요즘 외로워합니다.
我朋友最近很孤单。

제일(=가장)

第一行为，表示性状的极点。'가장' 也是相同的意思。

보기 나는 어머니가 제일 좋아요.
我最喜欢妈妈。

누가 노래를 제일 잘해요?
谁唱得最好?

세계에서 에베레스트 산이 가장 높아요.
珠穆朗玛峰是世界上最高的山峰。

보충 단어 补充生词

사귀다	交（朋友）	마음	心
마당	院子, 庭院	넓다	宽, 宽广
기쁘다	高兴	부끄럽다	害羞, 害躁
피자	比萨饼	발음	发音

부럽다	羡慕, 眼热	~ 중에서	~中
귀엽다	可爱	일찍	早, 早早地
야구	棒球	수박	西瓜
가을	秋天, 秋季	63빌딩	63大厦
아름답다	美丽, 漂亮	에베레스트 산	珠穆朗玛峰（山名）
명동	明洞（地名）	보내다	寄

1. 어떤 _____(으)세요?

   > 보기 영화를 자주 보다
   > → 어떤 영화를 자주 보세요?

   1) 음악을 좋아하다
   2) 집에서 살고 싶다
   3) 선물을 받고 싶다
   4) 하숙집이 좋다
   5) 음식을 싫어하다

2. 가 : _____ .
   나 : 어떤 _____ ?
   가 : _____ .

   > 보기 가 : 저는 영화를 좋아해요. (무서운 영화)
   > 나 : 어떤 영화를 좋아해요?
   > 가 : 무서운 영화를 좋아해요.

   1) 남자 친구를 사귀고 싶어요. (마음이 따뜻한 사람)
   2) 집을 사려고 해요. (마당이 넓은 집)
   3) 저는 음악을 자주 들어요. (조용한 음악)

4) 옷을 사고 싶어요. (편한 옷)

5) 저는 요즘 하숙집을 찾고 있어요. (깨끗하고 값이 싼 하숙집)

3. _____아/어/여합니다.

> 보기 기쁘다
> → 기뻐합니다.

1) 예쁘다

2) 슬프다

3) 미안하다

4) 부끄럽다

5) 보고 싶다

4. 가 : _____?
   나 : _____아/어/여합니다.

> 보기 가 : 친구가 어디에 가고 싶어합니까? (설악산)
> 나 : 설악산에 가고 싶어합니다.

1) 무슨 운동을 좋아합니까? (수영)

2) 아이들은 어떤 음식을 먹고 싶어합니까? (피자)

3) 학생들이 무엇을 어려워합니까? (발음)

4) 어떤 사람을 부러워합니까? (머리가 좋은 사람)

5) 남편이 딸과 아들 중에서 누구를 더 귀여워합니까? (딸)

5. _____제일 _____아/어/여요.

> 보기 이 가방이 무겁다
> → 이 가방이 제일 무거워요.

1) 빌리 씨가 키가 크다
2) 그 여자가 예쁘다
3) 그 학생이 공부를 잘하다
4) 제 동생이 많이 먹다
5) 부장님이 일찍 왔다

6. _____ 중에서 _____이/가 제일 _____아/어/여요.
   _____에서 _____이/가 제일 _____아/어/여요.

> 보기 운동 / 야구 / 재미있다
> → 운동 중에서 야구가 제일 재미있어요.

1) 과일 / 수박 / 비싸다
2) 계절 / 가을 / 좋다
3) 한국 음식 / 갈비 / 맛있다
4) 서울 / 63빌딩 / 높다
5) 한국 / 제주도 / 아름답다

7. 가 : _____ ?
   나 : _____ 중에서(에서) _____이/가(을/를)
        가장 _____아/어/여요.

> 보기 가 : 가족 중에서 누가 가장 키가 커요? (남동생)
> 나 : 가족 중에서 남동생이 가장 키가 커요.

1) 친구들 중에서 누가 가장 노래를 잘해요? (웨인 씨)
2) 한국 음식 중에서 무엇을 가장 좋아해요? (비빔밥)
3) 세계에서 어느 산이 가장 높아요? (에베레스트 산)
4) 우리 교실에서 누가 공부를 가장 열심히 해요? (다나카 씨)
5) 서울에서 어디가 가장 복잡해요? (명동)

8. _____(으)ㄴ/는데 _____ .

> 보기 방학이다 / 바쁩니다.
> → 방학인데 바쁩니다.

1) 내일 시험을 보다 / 공부하지 않았습니다.
2) 비싸다 / 샀습니다.
3) 외국 사람이다 / 한국말을 잘합니다.
4) 초대를 받았다 / 갈 수 없어요.
5) 편지를 썼다 / 아직 보내지 않았습니다.

끝말 이어 가기
(接词游戏)

   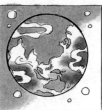

한복 ⇨ 복숭아 ⇨ 아_____ ⇨ _____

_____ ⇨ _____ ⇨ _____ ⇨ 채소 ⇨

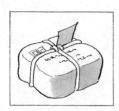   

_____ ⇨ _____ ⇨ _____ ⇨ 장미

해답: 한복 ⇨ 복숭아 ⇨ 아버지 ⇨ 지구 ⇨ 구두 ⇨ 두부 ⇨ 부채 ⇨ 채소 ⇨ 소포 ⇨ 포도 ⇨ 도장 ⇨ 장미

제 15 과

여름에는 산보다 바다가 더 좋을 것 같아요.

명희 : 여름 방학 때 좋은 계획이 있습니까?
明姬 : 暑假有什么好计划？

경수 : 아니오, 아직 계획을 세우지 못했습니다. 명희 씨는요?
京洙 : 没有。还没定呢。你呢？

명희 : 저는 동해 쪽으로 가려고 하는데, 같이 가시겠어요?
明姬 : 我想去东海边，你愿意一起去吗？

경수 : 좋습니다. 여름에는 산보다 바다가 더 좋을 것 같아요.
京洙 : 好啊。在夏天，大海好像比山好。

 生词

여름	夏天，夏季	방학	放假
세우다	制定，定	동해	东海
~쪽	~边（表方向）	산	山
바다	海，大海		

 语法

~때 / ~(을) 때

　　时间名词。表示动作行为、事情、现象发生的时间。可以和形容词、动词、名词一起用。'때'作为名词，跟形容词、动词连用时须加定语形词尾。通常用于将来时态，表示过去时态时用'~았/었/였을 때'，现在进行时态时用'~고 있을 때'。

> 보기　방학 때는 뭘 하려고 합니까?
> 　　　放假时想做什么？
>
> 　　　한국에 올 때 어떻게 왔어요?
> 　　　来韩国时怎么来的？
>
> 　　　제가 전화했을 때 그 사람은 없었어요.
> 　　　我打电话的时候那个人不在。

~보다

　　词尾。用于体词后，表示比较。常和副词'더'一起连用，以加强语气。不过不用'더'也没有意义上的变化。相当于汉语"比"、"与……相比"。

제15과 여름에는 산보다 바다가 더 좋을 것 같아요.

| 보기 | 이것이 저것보다 (더) 비싸요.
这个比那个（更）贵。

비행기가 배보다 (더) 빨라요.
飞机比船（更）快。

그 사람이 저보다 운전을 (더) 잘해요.
那个人比我开得（更）好。

~(으)ㄹ 것 같다

用于谓词词干后，表示对将来的事实进行推测。根据时态，定语形词尾有所不同。相当于汉语的"好像要……似的"、"似乎要……"。

| 보기 | 비가 와서 길이 복잡할 것 같습니다.
因为下雨，路好像要更堵。

오늘은 시간이 없어서 못 만날 것 같습니다.
今天没时间，似乎不能见面。

이 책이 어려울 것 같습니다.
这书好像很难。

 句型练习

보충 단어 补充生词

고등 학교	高中，高级中学	크리스마스	圣诞节
파티를 하다	开聚会	~ 학년	~年级
피아노	钢琴	초등 학교	小学
형	兄，哥哥，兄长		

1. _____ 때 _____ .

   > 보기   저녁 / 약속이 있습니다.
   >   → 저녁 때 약속이 있습니다.

   1) 방학 / 아르바이트를 하려고 합니다.
   2) 고등 학교 / 자전거로 학교에 다녔습니다.
   3) 대학생 / 아르바이트를 했습니다.
   4) 크리스마스 / 친구들과 파티를 했습니다.
   5) 점심 / 무엇을 잡수시겠습니까?

2. 가 : _____ ?
   나 : _____ 때 _____ .

   > 보기   가 : 언제 한국말을 배웠습니까? (대학교 1학년)
   >   나 : 대학교 1학년 때 한국말을 배웠습니다.

   1) 언제 고향에 가려고 합니까? (방학)
   2) 언제 여행을 하려고 합니까? (다음 휴가)
   3) 언제 전화하셨어요? (어제 저녁)
   4) 언제 피아노를 배웠습니까? (초등 학교)
   5) 언제 그 선물을 받았어요? (작년 크리스마스)

3. _____이/가 _____보다 더 _____아/어/여요.

   > 보기   백화점 / 시장 / 비싸다
   >   → 백화점이 시장보다 더 비싸요.

   1) 택시 / 버스 / 편하다

2) 선생님 댁 / 우리 집 / 멀다

3) 오늘 날씨 / 어제 날씨 / 덥다

4) 형 / 동생 / 운동을 잘하다

5) 제 친구 / 저 / 열심히 일하다

4. 가 : _____ ?

   나 : _____보다 _____이/가 더 _____아/어/여요.

   > 보기 가 : 바다가 좋아요? 산이 좋아요? (바다 / 산)
   >   나 : 바다보다 산이 더 좋아요.

   1) 가을이 좋아요? 겨울이 좋아요? (겨울/가을)

   2) 버스가 편해요? 지하철이 편해요? (버스/지하철)

   3) 영화가 재미있어요? 소설이 재미있어요? (소설/영화)

   4) 불고기와 냉면 중에서 어느 게 더 맛있어요? (냉면/불고기)

   5) 문법과 발음 중에서 어느 게 더 어려워요? (문법/발음)

5. _____ (으)ㄹ 것 같습니다.

   > 보기 비가 오다
   >   → 비가 올 것 같습니다.

   1) 운동을 잘하다

   2) 백화점 문을 10시쯤 열다

   3) 이것이 더 좋다

   4) 이번 시험이 어렵다

   5) 내일 갈 수 있다

6. 가 : _____ ?
   나 : _____(으)ㄹ 것 같습니다.

   > 보기 가 : 공항에 몇 시쯤 도착할 것 같습니까?
   >   (9시쯤 도착하다)
   >   나 : 9시쯤 도착할 것 같습니다.

   1) 내일 날씨가 어떨 것 같습니까? (좀 춥다)
   2) 손님이 몇 명쯤 오실 것 같습니까? (열 명쯤)
   3) 어느 것이 맛있을 것 같습니까? (비빔밥이 맛있다)
   4) 그 일이 어떨 것 같습니까? (재미있지만 어렵다)
   5) 아이들이 무엇을 하고 있을 것 같습니까? (텔레비전을 보고 있다)

7. 가 : _____ ?
   나 : _____ (으)ㄹ 것 같아서 _____ .

   > 보기 가 : 왜 우산을 가지고 왔어요? (비가 오다)
   >   나 : 비가 올 것 같아서 우산을 가지고 왔어요.

   1) 왜 음식을 많이 만들었어요? (손님이 많이 오시다)
   2) 왜 지하철을 타고 오셨어요? (시내가 복잡하다)
   3) 왜 극장에 가지 않았어요? (표가 없다)
   4) 왜 그 영화를 보지 않았어요? (재미없다)
   5) 왜 김치를 먹지 않았어요? (맵다)

REVIEW

Lesson11~ Lesson15   제11과~제15과

 阅读练习 1

아끼는 물건

이지영 : 저기 탁자 위에 있는 게 뭐예요?

오수미 : 아! 저거요? 제가 만든 도자기 인형이에요.

이지영 : 굉장히 잘 만들었네요. 참 예뻐요.

오수미 : 뭘요. 백화점에서 파는 것보다는 예쁘지 않아요.
        그렇지만 제가 제일 아끼는 물건이에요.

이지영 : 아니에요. 백화점에서 파는 것보다 예뻐요.

오수미 : 고마워요. 조금 더 배우면 시계나 사진 액자도 만들 수 있을
        것 같아요.

이지영 : 이런 것을 생일이나 크리스마스에 선물하면 좋겠네요.

오수미 : 하하! 참, 지영 씨 생일이 언제예요? 제가 하나 선물하겠습니다.

이지영 : 아니에요. 저는 그런 의미가 아니었어요.

115

단어 生词

저기	那，那儿	탁자	桌子
~위	~上	도자기	瓷器，陶瓷
인형	娃娃（玩具）	굉장히	非常地，了不起的
뭘요	没什么，哪里	아끼다	珍惜，爱护
물건	东西	액자	相架，相框
이런	这种	생일	生日
크리스마스	圣诞节	선물하다	送礼物
참	真的	의미	意思，意义

연습 문제 练习问题

1. 두 사람이 보고 있는 도자기 인형은 만들었습니까? 샀습니까?

   _____

2. 오수미 씨가 제일 아끼는 물건은 무엇입니까?

   _____

3. 오수미 씨가 이지영 씨에게 무엇을 선물하려고 합니까?

   _____

阅读练习

李智英：那桌子上是什么？
吴秀美：啊，这个？这是我做的瓷娃娃。
李智英：做得非常好。真漂亮。
吴秀美：没什么，不如商场卖的漂亮。不过这是我最珍爱的东西。
李智英：不，比商场卖的漂亮。
吴秀美：谢谢。再学习一段时间的话，还可以做钟、相框呢。
李智英：这种东西，在生日、圣诞节时当礼物不错。
吴秀美：哈哈哈。真是。你的生日是什么时候？我送你一件。
李智英：不用了。我不是这个意思。

 阅读练习 2

날 씨

오늘 아침에 일기 예보를 보고 우산을 가지고 학교에 갔습니다.
비가 올 확률이 40%였습니다.
그래서 가방이 무거웠지만 가지고 갔습니다.
오전에는 구름이 조금 끼고 흐리기만 했습니다.
친구들이 제 우산을 보고 웃는 것 같았습니다.
수업이 끝날 때쯤 갑자기 소나기가 왔습니다.
친구들은 모두 걱정을 했고 저를 부러워했습니다.
제가 우산을 쓰고 친구들 앞을 지나갈 때 친구 여러 명이 "같이 갑시다."라고 하면서 저에게 뛰어왔습니다.

우산 하나를 네 사람이 같이 썼기 때문에 금방 옷이 다 젖었습니다.
지하철역까지 와서 우리는 서로를 보고 많이 웃었습니다.

단어 生词

일기 예보	天气预报	가지고 가다	拿走, 带去
비가 오다	下雨	확률	概率
무겁다	沉, 重	구름이 끼다	有云 (气象云)
흐리다	(天)阴	웃다	笑
갑자기	突然	소나기	阵雨
걱정을 하다	担心, 着急	(우산을) 쓰다	用(伞), 打(伞)
지나가다	路过, 穿过	여러~	许多
뛰어오다	跑来	금방	很快, 马上
젖다	湿	서로	相互, 互相

연습 문제 练习问题

1. 아침에 이 사람이 집에서 나올 때 비가 왔습니까?

2. 오전의 날씨는 어땠습니까?

3. 언제부터 비가 왔습니까?

4. 우산이 있었는데 왜 옷이 다 젖었습니까?

天气

　　早上看了天气预报，便带伞去了学校。降雨概率40%，所以书包尽管很沉，还是带上了伞。上午阴天，只有一点云。朋友们看见我的伞似乎在笑我。下课的时候，突然下起阵雨来了。朋友们都很着急又很羡慕我。当我打着伞从朋友面前路过时，好多人说道："一起走吧。"便跑了过来。

　　四个人用一把伞，衣服很快都湿了。来到地铁站时我们相视而笑。

REVIEW / 제11과~제15과

 运用练习

1. 보기와 같이 '~보다 더' 또는 '제일'을 이용해서 대답을 쓰십시오.

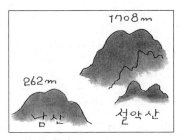

가: 어느 산이 더 높아요?
나: <u>설악산이 남산보다 더 높아요</u>.

1)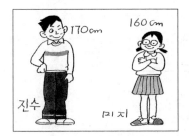

가: 누가 더 키가 커요?
나: _____ .

2)

가: 민준 씨가 철수 씨보다 맥주를 더 많이 마셨어요?
나: (네/아니오)
_____ .

3)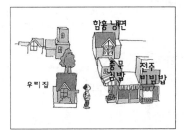

가: 우리 집에서 제일 가까운 식당은 어느 식당이에요?
나: _____ .

4)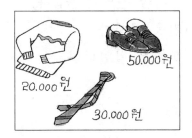

가: 무엇이 제일 비싸요?
나: _____ .

2. 다음 질문에 대답하십시오.

　1) 해외 여행을 해 본 일이 있어요?
　　　네, 일본에 ＿＿＿＿＿＿＿＿＿＿＿＿＿ .

　2) 내일 일찍 일어나야 해요?
　　　아니오, 일요일이니까 ＿＿＿＿＿＿＿＿＿＿＿＿＿ .

　3) 이 책이 재미있으니까 한번 읽어 보십시오.
　　　네, 시간이 있으면 ＿＿＿＿＿＿＿＿＿＿＿＿＿ .

　4) 박 선생님이 언제 고향에 돌아올 것 같아요?
　　　1년 후에 ＿＿＿＿＿＿＿＿＿＿＿＿＿ .

　5) 오늘 몇 시까지 집에 들어가야 해요?
　　　8시까지 ＿＿＿＿＿＿＿＿＿＿＿＿＿ .

3. 다음 연결 어미를 이용해서 보기와 같이 한 문장으로 만드십시오.

| ~으(면), | ~(으)ㄴ/는데, | ~(으)니까, | ~고, |
| ~(으)려고, | ~아/어/여서, | ~(으)면서 | |

　보기　단어를 잘 모릅니다. 선생님께 질문합니다.
　　　→ 단어를 잘 모르면 선생님께 질문합니다.

　1) 수업 시간에 늦었습니다. 죄송합니다.
　2) 어제 퇴근 후에 한잔했습니다. 집에 돌아다.
　3) 지금 비가 옵니다. 어디에 가십니까?
　4) 제 동생은 지금 차를 마십니다. 지금 음악든 듣습다.
　5) 오늘은 날씨가 덥습니다. 에어컨을 켭시다.
　6) 공중 전화로 전화하겠습니다. 동전을 빌렸니다.

1. 다음 그림을 보면서 잘 듣고 순서대로 번호를 쓰십시오.

2. 다음 이야기를 듣고 빈 칸을 채우십시오.

우리 집은 2층집이지만 별로 크지 않습니다. 내 방은 2층에 있습니다. 내 방에는 큰 창문이 (   ), 나는 아침마다 일어나면 창문을 엽니다. 창문을 열면 맑은 공기가 (   ) 새소리도 들을 수 있습니다. 우리 집 정원에는 꽃이 많이 있습니다. 향기가 (   ) 장미도 있고, 이름을 (   ) 꽃도 많이 있습니다. 저는 아침마다 물을 (   ) 하니까 일찍 일어납니다. 우리 집에는 꽃과 나무가 많기 때문에 아주 행복합니다.

모두 몇 _____ 있을까요?
（共有几个？）

　　파란 하늘의 좋은 날씨입니다. 저기 집이 한 _____ 있습니다. 가족들이 모두 마당으로 나왔습니다. 아이들과 함께 개 한 _____와 고양이 한 _____가 마당에서 놀고 있습니다.

　　나무가 다섯 _____쯤, 꽃이 여러 _____가 마당에 있어서 분위기가 참 좋습니다. 차고에는 자동차가 한 _____ 있고 그 옆에는 아이들의 자전거가 두 _____있습니다.

　　탁자 위에 수박 한 _____과 사과 두 _____와 주스 네 _____과 케이크가 있습니다. 아이 한 _____이 지금 주스를 마시려고 탁자 쪽으로 뛰어옵니다.

> **보기** 송이, 그루, 대, 통, 마리, 개, 채, 명

해답: 채, 마리, 마리, 그루, 송이, 대, 대, 통, 개, 병, 명

제 16 과

이번 연휴에 등산이나 갈까요?

떵위링: 파란 하늘이 참 아름답네요.
邓玉玲: 蓝蓝的天空真美啊!

마이클: 며칠 전보다 하늘도 많이 높아졌지요?
马克: 天空比前几天更高了吧?

떵위링: 네, 날씨가 좋아서 요즘 여행을 떠나는 사람들이 아주 많아요.
邓玉玲: 是的。天气好，最近旅行的人非常多。

마이클: 그럼, 우리도 이번 연휴에 등산이나 갈까요?
马克: 那么，我们这次双休日去登山怎么样?

 生词

파랗다	蓝, 蓝色	하늘	天空
아름답다	美, 漂亮	며칠	几天
많이	多多地	높다	高
날씨	天气, 气候		

 语法

'ㅎ' 불규칙 동사 ('ㅎ'不规则动词)

　　以韵尾'ㅎ'结尾的部分形容词与元音开始的词尾（~(으)면, ~(으)니까）连用时，出现脱音现象。尤其是与'아/어'开始的词尾（아/어서, ~았/었습니다）连用时，出现与前元音缩写形。

* 也有'좋다, 많다'等按规则运用的形容词。

	~습니다	~(으)ㄴ	~(으)니까	~아/어서	~았/었어요
빨갛다	빨갛습니다	빨간	빨가니까	빨개서	빨갰어요
하얗다	하얗습니다	하얀	하야니까	하얘서	하얬어요
이렇다	이렇습니다	이런	이러니까	이래서	이랬어요
어떻다	어떻습니다	어떤	어떠니까	어때서	어땠어요
*좋다	좋습니다	좋은	좋으니까	좋아서	좋았어요

보기　가을이 되면, 파란 하늘이 특히 아름답습니다.
　　　到秋天，蓝蓝的天空特别美丽。

너무 부끄러워서 얼굴이 빨개졌습니다.
特别不好意思，脸都变红了。

어제 모임이 어땠어요?
昨天聚会怎么样?

~아/어/여지다

用于形容词词干后，表示情况发生变化。

> 보기　날씨가 추워졌습니다.
> 天气变冷了。
>
> 어제는 기분이 나빴지만 오늘은 기분이 좋아졌습니다.
> 昨天虽然情绪不好，今天变好了。
>
> 처음엔 불편했지만 이제는 익숙해졌습니다.
> 开初虽然不习惯，现在熟悉了。

~(이)나

补助词，用于名词后，表示选择。从众中择其一，但其选择并不是最理想的。开音节后用'~나'，闭音节后用'~이나'。

> 보기　심심한데 영화나 볼까요?
> 闲得无聊，看个电影怎么样?
>
> 일요일에는 집에서 잠이나 자겠어요.
> 星期天要在家睡觉。
>
> 선물을 사지 못했는데 과일이나 사가지고 갑시다.
> 没买着礼物，就买点水果拿去吧。

 句型练习

보충 단어 补充生词

빨갛다	红, 红色	노랗다	黄, 黄色
까맣다	黑, 黑色	하얗다	白, 白色
시원하다	凉快, 清爽	건강하다	健康
한 잔 하다	喝杯酒		

1. 'ㅎ' 불규칙 동사 연습

   _____(으)ㄴ _____ .

   > 보기   빨갛다 / 치마를 샀어요.
   >   → 빨간 치마를 샀어요.

   1) 노랗다 / 장미를 주십시오.
   2) 까맣다 / 가방을 들고 있습니다.
   3) 파랗다 / 바다를 보고 싶어요.
   4) 하얗다 / 머리가 있습니다.
   5) 어떻다 / 색깔을 좋아합니까?

2. _____아/어/여졌습니다.

   > 보기   기분이 좋다
   >   → 기분이 좋아졌습니다.

   1) 날씨가 시원하다
   2) 값이 비싸다

3) 키가 크다
4) 건강하다
5) 그 사람과 가깝다

3. 가 : _____아/어/여졌습니까?
   나 : 네, _____아/어/여졌습니다.
        아니오, _____아/어/여지지 않았습니다.

> 보기 요즘 한가하다
>   가 : 요즘 한가해졌습니까?
>   나 : 네, 요즘 한가해졌습니다.
>   아니오, 요즘 한가해지지 않았습니다.

1) 문법이 어렵다
2) 날씨가 춥다
3) 하숙비가 비싸다
4) 바쁘다
5) 친구가 많다

4. 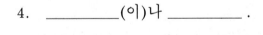 _____(이)나 _____ .

> 보기 영화 / 봅시다.
>   → 영화나 봅시다.

1) 맥주 / 마시겠습니다.
2) 텔레비전 / 보려고 합니다.
3) 이야기 / 합시다.
4) 비빔밥 / 먹을까요?
5) 책 / 읽겠어요.

5. 가 : _____ ?
   나 : _____(이)나 _____ (으)ㅂ시다.

> 보기 주말에 무엇을 하다 / 운동
>   가 : 주말에 무엇을 할까요?
>   나 : 운동이나 합시다.

1) 무엇을 먹을까요? (냉면)

2) 무엇을 마실까요? (커피)

3) 일요일에 뭘 할까요? (영화를 보다)

4) 술이나 한 잔 할까요? (네)

5) 텔레비전이나 볼까요? (네)

韩国的电影院

对年轻人来说，电影是代表性的娱乐活动。在首尔，新村、钟路、乙支路等繁华街电影院随处可见，在那儿可以看到结伴的女孩子，或者一对对情侣购买电影票的情景。

但是，刚刚开演的或者受欢迎的电影，在快要上演的时候去，票已售完，而且下一场也买不到。这是常有的事情。这是因为韩国的电影院实行座席指定制度的缘故。

买完电影票一看，电影票上写着가(ga)，나(na)，다(da)，라(la)等韩国语和数字。虽然按照电影票上面的座位对号入座观看电影，但是早买电影票也不一定是好位子。

在电影院里除了爆米花之外，吃干鱿鱼的人也有很多。小卖店里就有卖的，想要购买，售货员会当场给您加热。

제 17 과

방학 동안 뭘 할 거예요?

마쓰다 : 날씨가 많이 추워졌군요.
松田 : 天气变得真冷啊。

명희 : 벌써 12월이 되었으니까요.
明姬 : 都已经12月份了。

마쓰다 : 일 주일 후면 겨울 방학인데, 방학 동안 뭘 할 거예요?
松田 : 再过一星期就是寒假了，放假期间你想做什么？

명희 : 저는 한 달 전부터 컴퓨터를 배우기 시작했봅시다. 방학 동안에도 계속 배울 거예요.
明姬 : 一个月前，我开始学电脑了，打算放假期间继续学习。

 生词

춥다	冷	~주일	~星期，~礼拜，~周
겨울	冬季，冬天	시작하다	开始
계속	继续		

 语法

~이/가 되다

表示时间、数量、年龄等到了一定程度。即根据事物变化发展，和以前有所不同，成了另一种状态。

> 보기 아이가 열 살이 되었습니다.
> 孩子已有十岁了。
>
> 한국에 온 지 몇 년이 되었습니까?
> 来韩国有几年了？
>
> 우리 아들이 대학생이 되었습니다.
> 我儿子成了大学生了。

~ 동안

'동안' 是名词。表示某一动作或状态的发生或持续了一段时间。常以'(名词)+동안' 或 '(动词)+는 동안' 的格式出现。

> 보기 방학 동안 집에만 있었어요.
> 放假期间就在家了。

회의하는 동안 좀 기다리세요.
开会期间请等一会儿。

한국에서 지내는 동안 아주 즐거웠습니다.
在韩国期间过得很愉快。

~(으)ㄹ 거예요

用于谓词词干后，表示说话者的意志。相当于汉语的"大概"或"可能"。开音节后和以韵尾'ㄹ'结尾时用'~ㄹ 거예요'，闭音节后用'~을 거예요'。通常在口语中使用。

> 보기　나는 내일 미국에 갈 거예요.
> 我明天去美国。
>
> 휴가 때 뭘 할 거예요?
> 休假期间要干什么？
>
> 앞으로는 그 사람을 만나지 않을 거예요.
> 以后不见他。

~기

转性词尾。用于谓词词干后，使谓词词性名词化，具有名词的性质。常出现的格式有'~기가 어렵다'，'~기 전에'，'~기 때문에'等。这里的'~기 시작했습니다'表示动作、事态开始。

> 보기　비가 오기 시작했습니다.
> 开始下雨了。
>
> 물이 끓기 시작했습니다.
> 水（开始开）了。
>
> 언제부터 아프기 시작했습니까?
> 从什么时候开始痛的？

 句型练习

보충 단어 补充生词

부자	富者, 富人	중학생	初中生
이용하다	利用, 使用	건강에 나쁘다	对健康不好
굉장히	非常, 异常	출장을 가다	出差
곧	立刻, 马上	돌아오다	回来
취직하다	就业, 找工作	대학원	研究生院
저금하다	存钱		

1. _____이/가 되었습니다.

> 보기   10시
> → 10시가 되었습니다.

1) 스무 살
2) 퇴근 시간
3) 점심때
4) 대학생
5) 부자

2. 가 : _____이/가 되었습니까?
   나 : 네, _____이/가 되었습니다.
   　　아니오, _____이/가 되지 않았습니다.

134

> **보기** 쉬는 시간
>   가 : 쉬는 시간이 되었습니까?
>   나 : 네, 쉬는 시간이 되었습니다.
>   아니오, 쉬는 시간이 되지 않았습니다.

1) 9시
2) 봄
3) 방학
4) 저녁때
5) 아이가 중학생

3. 가 : _____ . (?)
   나 : _____(으)니까요.

> **보기** 가 : 시장을 자주 이용하시는군요. (싸다)
>   나 : 싸니까요.

1) 지하철에 사람이 많군요. (퇴근 시간이다)
2) 왜 담배를 피우지 않아요? (건강에 나쁘다)
3) 꽃 값이 굉장히 비싸지요? (겨울이다)
4) 왜 버스보다 지하철을 자주 타세요? (편하다)
5) 왜 영어로 말하세요? (한국말을 모르다)

4. _____ 동안 _____ .
   _____는 동안 _____ .

> **보기** 일 주일 / 고향에 있었습니다.
>   → 일 주일 동안 고향에 있었습니다.
>   한국에 있다 / 한국말을 배우려고 합니다.
>   → 한국에 있는 동안 한국말을 배우려고 합니다.

1) 1년 / 한국에서 살았습니다.

2) 한 달 / 미국으로 출장을 가려고 합니다.

3) 휴가 / 여행 계획이 있어요?

4) 여행을 하다 / 재미있는 일이 많았습니다.

5) 대학교에 다니다 / 좋은 친구를 많이 사귀었습니다.

5. 가 : _____ 동안 _____ ?
   나 : _____ 동안 _____ .
   _____는 동안 _____ .

> **보기** 가 : 얼마 동안 준비하셨어요? (한 일 주일)
> 나 : 한 일 주일 동안 준비했어요.

1) 며칠 동안 아팠어요? (일 주일)

2) 몇 년 동안 회사에서 일하셨어요? (한 15년)

3) 방학 동안 뭘 할 거예요? (방학 / 여행)

4) 기다리는 동안 뭘 했어요? (기다리다 / 잡지를 읽다)

5) 한국에 있는 동안 뭘 하고 싶어요? (한국에 있다 / 친구를 많이 사귀고 싶다)

6. _____ (으)ㄹ 거예요.

> **보기** 자동차를 사다
> → 자동차를 살 거예요.

1) 곧 돌아오다

2) 주말에 쉬다

3) 내년에 결혼하다

4) 방학 동안 아르바이트를 하다

5) 졸업 후에 취직하다

7. 가 : _____(으)ㄹ 거예요?

나 : 네, _____(으)ㄹ 거예요.

아니오, _____지 않을 거예요.

> **보기** 일요일에 가다
> 가 : 일요일에 갈 거예요?
> 나 : 네, 일요일에 갈 거예요.
> 아니오, 일요일에 가지 않을 거예요.

1) 이번 주말에 여행을 가다
2) 대학원에 가다
3) 다음달에 이사하다
4) 이 돈은 저금하다
5) 그 사람에게 이야기하다

8. _____부터 _____기 시작했습니다.

> **보기** 석 달 전 / 한국말을 배우다
> → 석 달 전부터 한국말을 배우기 시작했습니다.

1) 열 살 때 / 피아노를 배우다
2) 한 시 / 회의를 하다
3) 30분 전 / 비가 오다
4) 조금 전 / 식사를 하다
5) 10년 전 / 회사에 다니다

무슨 색일까요?
(是什么颜色？)

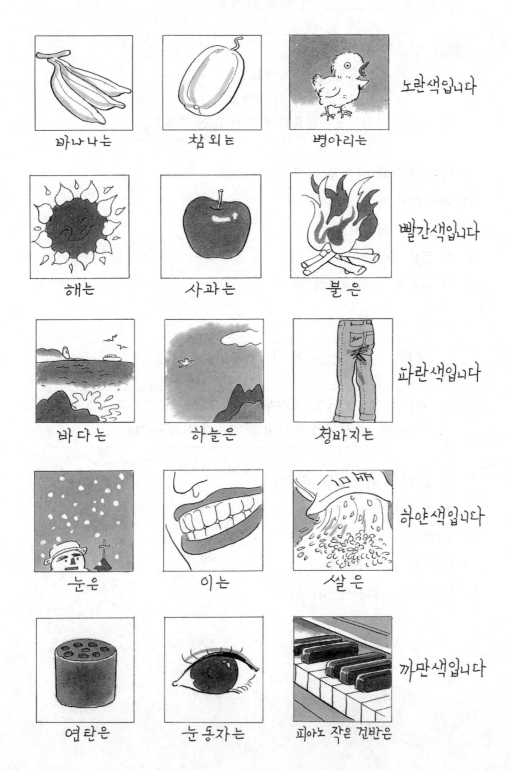

제 18 과

이 양복 좀 다려 주세요.

세탁소에서 (在洗衣店)

마이클: 아저씨, 이 양복 좀 다려 주세요.
马克 : 大叔，请熨一下西服。

아저씨: 언제 입으실 겁니까?
大叔 : 什么时候穿？

마이클: 오늘 저녁에 입어야 해요.
马克 : 今天晚上穿。

아저씨: 그럼, 거기 두고 가세요. 그리고 이따가 5시쯤 찾으러 오세요.
大叔 : 那么，先放在那儿，5点钟左右来取吧。

 生词

세탁소	洗衣店	양복	西服
다리다	熨，熨平	두다	放下，搁置
그리고	然后	찾다	找，取

 语法

~아/어/여 주다

用于动词词干后的辅助动词形，表示为别人从事某种行为，相当于汉语的"给"。但是根据说话者所涉及的对象应注意尊称，即使用'~아/어/여 드리다'。

> 보기　내일 전화해 주세요.
> 　　　请明天打电话。
>
> 　　　선생님을 도와 드리고 싶습니다.
> 　　　想帮助老师。
>
> 　　　김치 만드는 방법을 가르쳐 드릴까요?
> 　　　教你做泡菜的方法怎么样?

~(으)ㄹ 겁니다

和 '~(으)ㄹ 거예요' 一样的意思。表示说话者的意志、预测或推测。

> 보기　내일 자동차를 계약할 겁니다.
> 　　　明天订购汽车。

제18과 이 양복 좀 다려 주세요.

조금 후에 출발할 겁니다.
过一会儿出发。

이번 추석에는 뭘 할 겁니까?
这个中秋节做什么?

 句型练习

보충 단어 补充生词

설명하다	说明	적다	写, 抄
안내하다	介绍, 向导	빌리다	借
칠판	黑板	끓이다	沸腾, 烧开
그만두다	作罢, 罢休	수영장	游泳场

1. _____아/어/여 주세요.

> 보기   잠깐만 기다리다
> → 잠깐만 기다려 주세요.

1) 한국 노래를 가르치다
2) 다시 한 번 설명하다
3) 전화 번호 좀 적다
4) 서울을 안내하다
5) 책을 빌리다

2. 가 : _____아/어/여 드릴까요?
　　나 : 네, _____아/어/여 주세요.

> 보기   칠판에 쓰다
> 가: 칠판에 써 드릴까요?
> 나: 네, 칠판에 써 주세요.

1) 같이 가다
2) 커피를 끓이다
3) 재미있는 이야기를 하다
4) 가방을 들다
5) 친구를 소개하다

3. _____(으)ㄹ 겁니다.

> 보기   내일 하다
> → 내일 할 겁니다.

1) 다음주에 그 일을 시작하다
2) 내일 출장을 가다
3) 주말에 친구들을 초대하다
4) 오후에 선물을 사러 가다
5) 친구와 같이 구경을 하다

4. 가: _____(으)ㄹ 겁니까?
   나: 네, _____(으)ㄹ 겁니다.
   　　아니오, _____지 않을 겁니다.

> 보기   여기에서 내리다
> 가: 여기에서 내릴 겁니까?
> 나: 네, 여기에서 내릴 겁니다.
> 　　아니오, 여기에서 내리지 않을 겁니다.

제18과 이 양복 좀 다려 주세요.

1) 회사를 그만두다
2) 취직을 하다
3) 졸업하고 유학을 가다
4) 오늘 편지를 부치다
5) 여자 친구에게 전화를 하다

5. 가 : _____(으)ㄹ 겁니까?
   나 : _____(으)ㄹ 겁니다.

> 보기 가 : 무슨 음식을 만들 겁니까? (불고기와 잡채)
>   나 : 불고기와 잡채를 만들 겁니다.

1) 친구를 몇 명쯤 초대할 겁니까? (열 명쯤)
2) 주말에는 어디에 갈 겁니까? (수영장)
3) 사과를 몇 개 살 겁니까? (열 개쯤)
4) 누구와 같이 여행을 할 겁니까? (동생)
5) 언제 팩스를 보낼 겁니까? (조금 후에)

동음이의어
(同音异义词)

> 보기 밤, 차, 병, 배, 눈, 말

1. ( ) 어제 ▢ 에서 ▢ 를 먹었는데, 갑자기 ▢ 가 아팠어요.

2. ( ) ▢ 이 오는 날에는 사랑하는 사람의 ▢ 이 더욱 아름답습니다.

3. ( ) ▢ 을 타고 가면서 친구와 여러 가지 ▢ 을 했어요.

4. ( ) 추운 겨울 ▢ 에 애인과 데이트하면서 ▢ 을 먹으면 정말 맛있어요.

5. ( ) 고속도로에서 운전할 때 피곤하면 ▢ 에서 내려서 휴게소에서 ▢ 를 마시면 좋아요.

6. ( ) 일을 너무 많이 해서 ▢ 이 났어요 그래서 ▢ 에 있는 약을 먹었어요.

해답: 1.배 2.눈 3.말 4.밤 5.차 6.병

144

제 19 과

여기가 사이토 씨 댁이 맞습니까?

우체부:	소포 왔습니다. 여기가 사이토 씨 댁이 맞습니까?
邮递员:	取包裹。这儿是济藤先生家吗?

사이토:	네, 맞아요. 제가 사이토입니다.
济藤:	对, 这儿是, 我叫济藤。

우체부:	여기에 도장 좀 찍어 주시겠어요?
邮递员:	请在这儿盖一下章。

사이토:	잠깐만요. 도장을 가져오겠습니다.
济藤:	请等一会儿, 我去取印章。

 生词

우체부	邮递员，投递员	소포	包裹，邮包
맞다	对	도장	印章，图章
찍다	盖（章）	잠깐만	只一会儿，就一会儿
가져오다	取来，拿来		

 语法

~아/어/여 가다(오다)

用于动词词干后，表示某事情结束后，带着其结果走或来。如"家里写来的信"即在家中把信写好后，去别处时，将那信带去。

보기　김밥을 만들어 왔습니다.
　　　　把紫菜包饭做好后拿过来了。

　　　　초대를 받으면 보통 작은 선물을 사 갑니다.
　　　　接到请帖后，一般要买一个小礼物带去。

　　　　이 책을 읽어 오세요.
　　　　请看完这本书再过来。

유형연습 句型练习

보충 단어 补充生词

약도	略图, 示意图	안부	问候
전하다	传递, 传	돕다	帮助
도시락을 싸다	带盒饭, 带便当	가지다	拿, 带
케이크	蛋糕	생선	鲜鱼
김밥을 싸다	做紫菜包饭	음료수	饮料

1. _____아/어/여 주시겠어요?

> 보기 천천히 말하다
> → 천천히 말해 주시겠어요?

1) 저와 같이 시내에 가다
2) 문을 닫다
3) 조금 후에 다시 전화하다
4) 사진 좀 찍다
5) 에어컨을 켜다

2. 가 : _____아/어/여 주시겠어요?
   나 : 네, _____아/어/여 드리겠어요.

> 보기 안내를 하다
> 가 : 안내를 해 주시겠어요?
> 나 : 네, 안내를 해 드리겠어요.

1) 약도를 그리다
2) 볼펜을 빌리다
3) 편지를 부치다
4) 김 선생님께 안부를 전하다
5) 돕다

3. _____아/어/여 갑니다.
   _____아/어/여 옵니다.

> **보기** 도시락을 싸다
> → 도시락을 싸 갑니다.
>   도시락을 싸 옵니다.

1) 선물을 사다
2) 편지를 쓰다
3) 사과를 씻다
4) 단어를 외우다
5) 내일 배울 것을 미리 공부하다

4. 가 : _____아/어/여 올까요?
   나 : 네, _____아/어/여 오세요.

> **보기** 숙제를 하다
>   가 : 숙제를 해 올까요?
>   나 : 네, 숙제를 해 오세요.

1) 과자를 만들다
2) 내일 사전을 가지다
3) 비디오를 빌리다

4) 먹을 것을 사다
5) 집에서 이 책을 읽다

5. 가 : _____ ?
   나 : _____ .

> 보기 가 : 생일 케이크는 누가 만들어 왔어요? (스즈키 씨)
>   나 : 스즈키 씨가 만들어 왔어요.

1) 시장에서 뭘 사 왔어요? (생선)
2) 친구 집에 뭘 사 갈 거예요? (과자나 과일)
3) 어디에서 이 책을 빌려 왔어요? (도서관)
4) 이 김밥을 누가 싸 왔어요? (김은영 씨)
5) 산에 뭘 가져갈 거예요? (도시락과 음료수)

우리의 소원
(我们的愿望）

안석주 작사
안병원 작곡

우리의 소원은 통일 꿈에도 소원은 통-일이
정성다해서 통일 통일을이루자 -이 겨레살리는 통 일
이 나라찾는데 통-일 통일이여어서오 라 통일이여 오 라-

제 20 과

지금은 비빔냉면밖에 안 되는데요.

떵위링 :	여기 물냉면 두 그릇 배달해 주세요.
邓玉玲 :	请给这儿送两碗冷面。
주인 :	죄송하지만, 지금은 비빔 냉면밖에 안 되는데요.
店主 :	对不起，现在只有拌冷面……。
떵위링 :	그럼, 비빔 냉면 두 그릇 주세요. 서울 아파트 6동 703호예요.
邓玉玲 :	那么请送两碗拌冷面吧！这儿是首尔公寓 6 栋 703 号。
주인 :	네, 곧 배달해 드리겠습니다.
店主 :	好，马上就送到。

 生词

물냉면	冷面	비빔 냉면	拌冷面
배달하다	送，送递	주인	店主，主人
안 되다	不行，不可以	아파트	公寓
~동	~栋	~호	~号
곧	就，马上		

 语法

~밖에

助词，用于名词后，表示范围限制。后面常跟否定形式，相当于汉语的"只、只有"或"除……外没有……"。

> 보기　지금 천 원밖에 없어요. (→ 천 원만 있어요.)
> 现在除一千元外再没有了。(→ 只有一千元。)
>
> 김 선생님밖에 몰라요. (→ 김 선생님만 알아요.)
> 除金先生外都谁不知道。(→ 只有金先生知道。)
>
> 제주도밖에 가 보지 않았어요. (→ 제주도에만 가 봤어요.)
> 除济州岛外没去过其他地方。(→ 只去过济洲岛。)

~(으)ㄴ데요/는데요

原为连接词尾，这里作终结词尾。在韩国语中有些连接词尾可当终结词尾用。

제20과 지금은 비빔 냉면밖에 안 되는데요.

> 보기 왜 학교에 안 가요? — 아파서요. / 아프니까요.
> 为什么不去学校? – 因为身体不舒服。
>
> 왜 도서관에 가요? — 공부하러요. / 공부하려고요.
> 为什么去图书馆? – 因为要学习。

在句子中, 当与后一分句连接较松散时, 可将连接词尾当终结词尾使用, 不过意思会有所变化。并根据情况可以隐含一些意思。

> 보기
> 가 : 왜 학교에 안 가요?
>   为什么不去学校?
> 나 : 일요일인데요. (일요일인데 왜 갑니까?)
>   是星期天。(是星期天, 为什么去学校?)
>
> 가 : 이 선생님 계십니까?
>   李先生在吗?
> 나 : 네, 전데요. (계속 말씀하세요.)
>   在。我是……(请继续讲。)
>
> 가 : 같이 산책이나 갈까요?
>   一起散步好吗?
> 나 : 좀 쉬고 싶은데요. (좀 쉬고 싶어서 가고 싶지 않아요.)
>   想休息一会儿。(想休息不想去散步。)

 句型练习

보충 단어 补充生词

| 시간이 걸리다 | 需要~小时, 费时 | 좌회전 | 向左转 |
| 할인 | 减价, 打折 | 주차 | 停车 |

교환	交换	우회전	向右转
신용 카드	信用卡	모자라다	缺, 不够, 不足
밖	外	나가다	出去
배가 부르다	肚子饱		

1. _____밖에 _____ .

> **보기** 3시간 / 자지 않았습니다.
> → 3시간밖에 자지 않았습니다.

1) 1,000원 / 없습니다.

2) 5명 / 오지 않았습니다.

3) 석 달 / 공부하지 않았습니다.

4) 일요일 / 시간이 없습니다.

5) 조금 / 모릅니다.

2. 가 : _____ ?
   나 : _____밖에 _____ .

> **보기** 가 : 시간이 몇 분 걸립니까? (30분)
> 나 : 30분밖에 걸리지 않습니다.

1) 한국 친구가 몇 명 있습니까? (한 명)

2) 몇 장 읽으셨습니까? (두 장)

3) 어디를 구경했습니까? (설악산)

4) 집에 누가 있습니까? (동생)

5) 그 사람을 몇 번 만났어요? (세 번)

3. _____이/가 됩니다.
   _____이/가 안 됩니다.

   > 보기 식사
   >   → 식사가 됩니다.
   >   식사가 안 됩니다.

   1) 좌회전
   2) 이 전화
   3) 지금 커피
   4) 할인
   5) 주차

4. 가 : _____이/가 됩니까?
   나 : 네, _____이/가 됩니다.
        아니오, _____이/가 안 됩니다.

   > 보기 교환
   >   가 : 교환이 됩니까?
   >   나 : 네, 교환이 됩니다.
   >   아니오, 교환이 안 됩니다.

   1) 우회전
   2) 신용 카드
   3) 배달
   4) 연락
   5) 지금 식사

5. _____ (으)ㄴ데요/는데요.

> 보기 할 일이 많다
> → 할 일이 많은데요.

1) 배가 아프다
2) 기분이 좋지 않다
3) 돈이 모자라다
4) 바람이 불다
5) 많이 먹었다

6. 가 : _____ .
   나 : _____(으)ㄴ데요/는데요.

> 보기 가 : 같이 백화점에 구경갈까요? (지금 좀 피곤하다)
>   나 : 지금 좀 피곤한데요.

1) 이 구두를 사세요. (좀 작다)
2) 밖에 나가서 테니스를 칠까요? (날씨가 좀 춥다)
3) 더 잡수세요. (배가 부르다)
4) 오늘 오후에 만날 수 있어요? (선약이 있다)
5) 한잔 더 할까요? (시간이 늦었다)

REVIEW

Lesson 16 ~ Lesson 20 제16과~제20과

 阅读练习

편 지

사랑하는 부모님께

　아버지, 어머니, 그 동안 안녕하셨습니까? 형도 잘 있겠지요? 오랫동안 편지를 쓰지 못해서 죄송합니다. 저는 잘 있으니까 걱정하지 마십시오. 요즘 서울은 좀 덥지만 예쁜 장미가 많이 피어서 참 좋습니다. 지금쯤 그 곳도 더워지기 시작했겠지요?

　참, 저는 지난주부터 일본어를 가르치는 아르바이트를 시작했습니다. 화요일과 목요일 저녁에 한 시간 반을 가르치는데 회사원도 있고 대학생도 있습니다. 계속 이 아르바이트를 하면 한국 친구들도 사귈 수 있고 용돈도 벌 수 있어서 좋을 것 같습니다.

　한 달 후에는 여름 방학이니까 그 때 형과 함께 한국에 오십시오. 그러면 제가 한국에서 유명한 곳으로 안내해 드리겠습니다. 1월에 한국에 처음 왔을 때는 날씨도 춥고 매운 음식도 먹을 수 없어서 불편했지만 이젠 한국 생활에 꽤 익숙해졌습니다.

　시간이 있으면 또 연락을 드리겠습니다. 그럼 안녕히 계십시오.

2004년 6월 1일
아들 히로시 올림

단어 生词

오랫동안	好久，许久	장미	玫瑰
피다	开	반	半
회사원	公司职员	사귀다	交际，交往
용돈	零花钱	벌다	挣（钱），赚（钱）
~달	~月	그러면	那么
유명하다	有名	안내하다	介绍，向导
불편하다	不方便，不习惯	이제	现在，此刻
생활	生活	꽤	相当
익숙하다	熟悉，习惯	~년	~年
올림	呈上，敬上		

연습 문제 练习问题

1. 이 편지는 누가 누구에게 보내는 편지입니까?

   _____

2. 이 사람은 지난주부터 어떤 일을 시작했습니까?

   _____

3. 이 사람은 왜 그 일을 좋아합니까?

   _____

4. 이 사람은 부모님이 한국에 오시면 어디로 안내하려고 합니까?

   _____

信

亲爱的爸爸妈妈：

　　爸爸、妈妈，最近好吗？哥哥也好吗？很久没有写信，真是很抱歉。我一切都很好，请不用惦记。最近首尔有点热，不过到处都开着玫瑰，真好看。现在，家乡也开始热了吧？

　　哦，从上周起，我开始打工教日语了。星期二、星期四晚上教一个半小时，有职员，也有大学生。继续打工的话，我可以结交一些韩国朋友，也可以挣些零花钱，真是不错。

　　再过一个月便是暑假，欢迎你们和哥哥来韩国，我将给你们介绍韩国有名的地方。1月份刚来时，天气冷，饮食辣，吃不下东西，真是不方便。现在已经相当习惯韩国生活了。

　　有时间再联系。

　　再见。

1997.6.1

儿子浩　敬上

쓰기연습 运用练习

1. 다음 빈 칸에 맞는 단어를 넣어서 문장을 완성하십시오.

   > 보기 선생님 : 학생 → 의사 : _____
   > 병원에 가면 몸이 아픈 _____들이 많아요.
   > → 병원에 가면 몸이 아픈 환자들이 많아요.

   1) 학교에 들어가다 : 입학 → 학교 공부가 끝나다 : _____
      대학교_____후에 회사에서 일하고 싶어요.

   2) 편지 : 쓰다 → 도장 : _____
      은행에서 돈을 찾을 때 도장을 _____아/어/여야 해요.

   3) 커피 : 잔 → 불고기 : _____
      불고기를 몇 _____ 시킬까요?

   4) 봄 / 여름 / 가을 / _____
      _____에는 날씨가 추워서 옷을 많이 입어야 해요.

   5) 아버지 : 어머니 → 할아버지 : _____ → 아저씨 : 아주머니
      3년 전에 _____께서 돌아가셨어요.

   6) 초등 학교 / _____ / 고등 학교 / 대학교
      _____ 때부터 영어를 배우기 시작했습니다.

2. 다음 ( )에 알맞은 부사(副词)를 보기에서 골라 넣으십시오.

   > 보기 미리, 곧, 아직, 별로, 이따가, 모두

   1) 수업이 (   ) 끝나지 않았으니까 10분만 기다리십시오.

   2) 여행을 가기 전에 (   ) 계획을 세우는 것이 좋아요.

   3) 지금 이 선생님이 식사하러 나가셨으니까 (   ) 다시 전화해 주세요.

4) 구름이 많군요. (   ) 비가 올 것 같아요.

5) 사람들이 (   ) 모인 후에 회의를 시작합시다.

6) 요즘은 사람들이 만년필을 (   ) 쓰지 않아요.

3. '~아/어/여 주다'와 '~아/어/여 드리다'를 써서 대화를 완성하십시오.

> 보기 가 : 여기에 어떻게 혼자 찾아오셨어요?
> 나 : 친구가 길을 <u>가르쳐 주었어요</u>. (가르치다)

1) 가 : 제가 이 선생님께 _____ (으)ㄹ까요? (연락하다)

   나 : 네, 이 선생님께 연락해 주십시오.

2) 가 : 지난번에 제가 _____ (으)ㄴ 책을 다 읽으셨어요? (빌리다)

   나 : 아니오, 아직 다 못 읽었어요.

3) 가 : 값을 좀 깎아 주세요.

   나 : 여기는 정찰제라서 _____ 지 못합니다. (깎다)

4) 가 : 아이의 생일 선물은 준비하셨어요?

   나 : 아니오, 내일 장난감을 _____ (으)려고 해요. (사다)

4. 다음 그림을 보고 단어를 이용하여 계절에 맞는 문장을 만드십시오.

> 보기 단어 : 눈, 모자, 장갑, 스키, 크리스마스, 눈사람, 춥다
> 겨울입니다. 겨울에는 날씨가 아주 춥습니다. 그래서 눈이 옵니다. 눈이 오면 사람들은 눈사람을 만들고 눈 위에서 스키를 탑니다. 춥기 때문에 모자를 쓰고 장갑을 끼었습니다. 그리고 크리스마스가 있어서 즐겁습니다.

> 보기 단어 : 휴가, 방학, 수영하다, 수영복, 바다, 덥다, 수박, 배

여름은 정말 덥습니다. _____

_____

_____

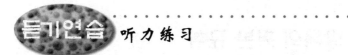

1. 다음 문장을 듣고 문장 안에 있는 단어를 고르십시오.

    1) ① 아픈데　　② 바쁜데　　　　(　　)

    2) ① 들러서　　② 들어서　　　　(　　)

    3) ① 방학이어서　② 방학이 있어서　(　　)

    4) ① 사는　　　② 산　　　　　　(　　)

2. 다음 이야기를 듣고 맞으면 ○, 틀리면 ×를 하십시오.

    1) 전에는 수영을 못 했기 때문에 수영하는 것을 좋아하지 않았습니다. (　)

    2) 전에는 수영장에 가면 제가 친구에게 수영을 가르쳐 주었습니다. (　)

    3) 일 주일 후에 수영을 배우기 시작하려고 합니다. (　)

    4) 요즘은 수영을 조금 할 수 있습니다. (　)

    5) 이번 방학 때는 친구들과 같이 수영을 하러 갈 겁니다. (　)

3. 다음 이야기를 듣고 이야기와 같은 그림을 고르십시오. (　　)

    ① 　　② 　　③

발음의 기본 규칙
（发音基本规则）

1. 辅音同化

音节末尾的辅音与后一音节开头的辅音接触时，会变化与其相同或相近的音。这种语音变化现象称为辅音同化。

（1）'ㅂ'、'ㄷ'、'ㄱ' 音在，'ㅁ'、'ㄴ'、'ㄹ'，前时各变成 'ㅁ'、'ㄴ'、'ㅇ' 等。

  갑니다〔감니다〕 앞문〔압문〕 ⇨〔암문〕
  있는〔읻〕 ⇨〔인는〕 못 먹는〔몯 먹는〕 ⇨〔몬 멍는〕
  작년〔장년〕 박물관〔방물관〕

（2）'ㄴ' 在 'ㄹ' 音后变成 'ㄹ' 音。

  신라〔실라〕 설날〔설랄〕
  난로〔날로〕 달나라〔달라라〕
  한라산〔할라산〕 물놀이〔물로리〕

2. 'ㅎ' 的发音

（1）清辅音 'ㄱ'、'ㄷ'、'ㅂ'、'ㅈ' 音跟 'ㅎ' 结合时，各变成 'ㅋ'、'ㅌ'、'ㅍ'、'ㅊ' 音。

  좋고〔조코〕 좋다〔조타〕 좋지만〔조치만〕
  많지요〔만치요〕 백화점〔배콰점〕 복잡한〔복짜판〕
  깨끗하다〔깨끋하다〕 ⇨〔깨끄타다〕

（2）'ㅎ' 받침与元音结合时，不发音。有 'ㅎ' 的双收音的情况时，也同样。

  좋은〔조은〕 놓아요〔노아요〕
  많이〔만이〕 ⇨〔마니〕 싫어요〔실어요〕 ⇨〔시러요〕

（3）浊音之间的 'ㅎ' 音一般轻读。

  은행 전화 피곤하다 말하다 대학교 열심히

제 21 과

좀 끼어 봐도 돼요?

가게에서 (在店铺)

주인: 어서 오세요. 뭘 찾으세요?
店主: 请进。想买点什么？

명희: 동생에게 졸업 선물로 주려고 하는데, 어떤 게 좋을까요?
明姬: 想送给弟弟毕业礼物，什么好呢？

주인: 졸업 선물이요? 여기 많으니까 구경해 보세요.
店主: 毕业礼物？这儿很多，请看看。

명희: 저 장갑이 예쁜데 좀 끼어 봐도 돼요?
明姬: 那手套真漂亮。可以试一下吗？

 生词

어서 오세요	请进	졸업	毕业
장갑	手套	끼다	戴（手套）

 语法

~(으)로

　　副词造格词尾。用于名词后，主要表示所用的工具、材料、手段和资格身份。开音节和以'ㄹ'结尾的韵尾后用'~로'，闭音节（除ㄹ外）后用'~으로'。

　　보기　결혼 선물로 시계와 반지를 받았습니다.
　　　　　作为结婚礼物收到了一只手表和戒指。

　　　　　시험을 잘 본 학생에게 사전을 상으로 주었습니다.
　　　　　把字典作为奖品发给了考得好的学生。

　　　　　교환 학생으로 한국에 왔습니다.
　　　　　作为交换学生来到了韩国。

~(으)ㄹ까요?

　　否定形终结词尾。用于第三人称、谓语是形容词或'~(으)ㄹ 수 있다'的谓词词干后时，表示征求听者的意见。

　　보기　손님이 많이 올까요?
　　　　　客人会来得多吗?

어떤 색이 잘 어울릴까요?
哪种颜色最相配?

제가 시험을 잘 볼 수 있을까요?
我能考得好吗?

~아/어/여도 되다

常用格式。'아/어/여도'是连接词尾，表示让步和对立。这里与'~되다'连用，表示许可的意图。也可用'~좋다'，'~괜찮다'来代替'~되다'，在意图上没有什么差异。

보기 여기에서 이야기해도 됩니다.
在这儿可以讲话。

이 전화를 써도 돼요?
可以用这电话吗?

실내에서 담배를 피워도 괜찮습니까?
室内可以抽烟吗?

句型练习

보충 단어 补充生词

입학	入学	만년필	钢笔,自来水笔
기념	纪念	반지	戒指
보너스	奖品	~대	~辆,~台
외교관	外交官	대표	代表
어울리다	相配,和谐,相称	하얀색	白色
팀	队,组	이기다	赢
계산하다	结算,结帐		

1. _____(으)로 _____.

   > 보기   입학 선물 / 만년필을 받았어요.
   >   → 입학 선물로 만년필을 받았어요.

   1) 결혼 기념 선물 / 반지를 주었어요.
   2) 보너스 / 자동차를 한 대 받았어요.
   3) 외교관 / 한국에 왔어요.
   4) 선생님 / 일하고 있어요.
   5) 우리 회사 대표 / 회의에 참석할 거예요.

2. _____(으)ㄹ까요?

   > 보기   손님이 많이 오시다
   >   → 손님이 많이 오실까요?

   1) 내일 날씨가 어떻다
   2) 그 사람이 지금 집에 있다
   3) 이 음식이 맛이 있다
   4) 시험이 어렵다
   5) 그 사람이 일을 잘하다

3. 가 : _____ (으)ㄹ까요?
   나 : _____ (으)ㄹ 것 같아요.

   > 보기   몇 시간 걸리다 / 5시간쯤
   >   가 : 몇 시간 걸릴까요?
   >   나 : 5시간쯤 걸릴 것 같아요.

1) 아버지가 몇 시쯤 돌아오시다 / 9시쯤
2) 어떤 색이 잘 어울리다 / 하얀색
3) 아이들이 무엇을 하고 있다 / 텔레비전을 보다
4) 어느 팀이 이기다 / 우리 팀
5) 영화표가 있다 / 네

4. _____아/어/여도 됩니까?

> 보기 책을 보다
> → 책을 봐도 됩니까?

1) 안에 들어가다
2) 여기 앉아서 기다리다
3) 내일 전화하다
4) 먼저 가다
5) 이 옷을 입어 보다

5. 가 : _____ 아/어/여도 됩니까?
   나 : 네, _____아/어/여도 됩니다.

> 보기 사진을 보다
> 가 : 사진을 봐도 됩니까?
> 나 : 네, 사진을 봐도 됩니다.

1) 여기에서 담배를 피우다
2) 내일 돈을 내다
3) 카드로 계산하다
4) 이 물을 마시다
5) 거기에 가지 않다

전자 제품
(家电)

제 22 과

한 송이에 500원 짜리예요.

꽃집에서 (**在花店**)

상우 : 장미 좀 사러 왔어요.
相优 : 想买些玫瑰。

주인 : 장미도 여러 가지가 있는데 한번 골라 보세요.
店主 : 玫瑰有很多种，你挑吧。

상우 : 저 노란 장미가 마음에 드는데, 얼마씩이에요?
相优 : 那黄玫瑰比较满意。多少钱一枝？

상우 : 그건 한 송이에 500원짜리요. 싱싱하고 예쁘죠?
店主 : 那是一枝500元的，又新鲜又漂亮。

 生词

꽃집	花店，花铺	장미	玫瑰
여러 가지	许多种类	고르다	挑，挑选
마음에 들다	满意，称心	그건(그것은)	那（'그것은'的缩形）
~ 송이	~ 朵		
싱싱하다	新鲜，鲜艳		

 语法

'르' 불규칙 동사 ('르'不规则动词)

动词和形容词词干以'르'结尾时将按照不规则形使用，并叫做不规则动词。即当它们与元音开始的词尾(었/았, 아서/어서, 아/어요 等) 相结合使用时，'르'的 'ㅡ' 脱落，'ㄹ' 保留。

* '따르다, 치르다'等是不规则动词。

	~ㅂ니다	~아/어요	~아/어서	~았/었어요
다르다	다릅니다	달라요	달라서	달랐어요
빠르다	빠릅니다	빨라요	빨라서	빨랐어요
모르다	모릅니다	몰라요	몰라서	몰랐어요
부르다	부릅니다	불러요	불러서	불렀어요
*따르다	따릅니다	따라요	따라서	따랐어요

보기 저와 제 동생은 성격이 달라요.
　　　我和我弟弟的性格相反。

목이 말라서 물을 마셨어요.
口渴喝水了。

*이 길을 따라가면 지하철 역이 있을 거예요.
沿着这条路走就是地铁站。

~씩

后缀。常用于时间、数量等表示单位的名词后，表示"每"的意思。

> 보기 한 개에 1,000원씩입니다.
> 一个一千元。
>
> 이 약을 하루에 세 번씩 드세요.
> 这药，每天吃三次。
>
> 한 사람씩 들어오세요.
> 一个（人）一个（人）地进来。

~에

用于"个"、"本"、"小时"等表示单位的名词后，表示"相应的数量"。

> 보기 이 포도는 한 근에 1,000원입니다.
> 这葡萄一斤一千元。
>
> 이 사과는 1,000원에 2개입니다.
> 这苹果一千元两个。
>
> 한국어 수업은 1주일에 4번 있습니다.
> 韩语课一周四次。

~짜리

后缀。用于"元"、"个"、"岁"等表示单位的名词后，表示具有一定价值和数量。

보기	100원짜리 동전이 있으면, 좀 빌려 주세요. 如有一百元的零钱请借一下。

1,000원에 3개짜리 사과 주세요.
请给我一千元三个的苹果。

5살짜리 아이가 피아노를 잘 칩니다.
五岁的孩子弹钢琴弹得真好。

유형연습 句型练习

보충 단어 补充生词

목소리	嗓门儿, 声音	속도	速度
목이 마르다	口渴	길다	长
자르다	切断, 斩	성격	性格, 脾气
싸우다	打架, 作战	인기가 있다	受欢迎
포장하다	包装	들어오다	进, 走进来
종이	纸	~ 근	~斤
~ 상자	~箱	하루	~天
~ 갑	~盒	동전	硬币, 铜钱
필요하다	需要, 必要	우표	邮票
전화 카드	电话卡	붙이다	贴, 加
자동 판매기	自卖机, 自动售货机	파마하다	烫发

1. '르' 불규칙 동사 연습

　　＿＿＿＿＿＿＿＿＿아/어요.

보기	배가 부르다 → 배가 불러요.

1) 목소리가 다르다
2) 노래를 잘 부르다
3) 자동차 속도가 너무 빠르다
4) 날씨가 더워서 목이 마르다
5) 머리가 길어서 자르다

2. _____아/어서 _____ .

> 보기 말이 너무 빠르다 / 잘 들을 수 없어요.
> → 말이 너무 빨라서 잘 들을 수 없어요.

1) 전화 번호를 모르다 / 전화하지 못했습니다.
2) 목이 마르다 / 물을 많이 마셨어요.
3) 성격이 다르다 / 자주 싸웁니다.
4) 노래를 잘 부르다 / 인기가 있어요.
5) 머리를 자르다 / 시원해요.

3. _____씩  .

> 보기 세 개 / 포장해 주세요.
> → 세 개씩 포장해 주세요.

1) 1,000원 / 팔고 있어요.
2) 날마다 세 시간 / 공부합니다.
3) 이 약을 두 개 / 잡수세요.
4) 두 사람 / 들어오세요.
5) 이 종이를 열 장 / 가지세요.

4. _____에 _____입니다.

> 보기   한 개 / 1,000원
> → 한 개에 1,000원입니다.

1) 한 병 / 500원
2) 한 권 / 10,000원
3) 한 근 / 2,500원
4) 한 상자 / 30,000원
5) 세 개 / 1,000원

5. _____에 _____.

> 보기   하루 / 8시간 일합니다.
> → 하루에 8시간 일합니다.

1) 한 달 / 한 번쯤 등산을 가요.
2) 1년 / 두세 번 출장을 가요.
3) 한 학기 / 두 번 시험을 봐요.
4) 일 주일 / 한 번 시장에 가요.
5) 이 주일 / 한 번쯤 부모님께 전화합니다.

6. 가 : _____에 _____?
   나 : _____에 _____.

> 보기   가 : 이 사과 한 개에 얼마예요? (1,000원)
> 나 : 한 개에 1,000원이에요.

1) 맥주 한 병에 얼마예요? (1,500원)

2) 구두 한 켤레에 얼마예요? (50,000원)

3) 하루에 담배를 몇 갑 피우세요? (한 갑쯤)

4) 하루에 몇 시간씩 아르바이트를 하세요? (두 시간)

5) 일 년에 몇 번쯤 출장을 가세요? (두세 번쯤)

7. _____짜리 _____ .

> 보기 10원 / 동전이 필요해요.
>   → 10원짜리 동전이 필요해요.

1) 100원 / 동전 좀 빌려 주세요.

2) 1,000원 / 볼펜을 샀습니다.

3) 150원 / 우표 한 장 주세요.

4) 만 원 / 전화 카드를 사려고 합니다.

5) 다섯 살 / 아이가 있습니다.

8. 가 : _____ ?
   나 : _____짜리 _____ .

> 보기 가 : 편지에 얼마짜리 우표를 붙입니까? (200원 / 우표)
>   나 : 200원짜리 우표를 붙입니다.

1) 얼마짜리 동전이 필요합니까? (100원 / 동전)

2) 보통 얼마짜리 커피를 마십니까? (300원 / 자동 판매기 커피)

3) 얼마짜리 담배를 피우십니까? (한 갑에 1,000원 / 담배)

4) 얼마짜리 파마를 하셨습니까? (5만 원 / 파마)

5) 몇 살짜리 아이가 있습니까? (일곱 살 / 남자 아이)

직 업
(职业)

농부 간호사 약사

요리사 이발사 미용사

경찰관 방수 운전수

화가 가수 배우

제 23 과

초는 몇 개나 드릴까요?

빵집에서 (在面包店)

낸시 : 아주머니, 이 케이크 얼마예요?
念士 : 阿姨，这蛋糕多少钱？

주인 : 그건 25,000원이에요. 생크림 케이크라서 맛있어요.
店主 : 这个25,000元。生奶油蛋糕，好吃。

낸시 : 좀 큰 것 같은데 그 옆에 있는 작은 거 주세요.
念士 : 这个有点儿大，要旁边那个小的。

주인 : 네, 포장해 드리겠습니다. 초는 몇 개나 드릴까요?
店主 : 好，给您包装一下。要多少支蜡烛？

 生词

빵집	面包店	케이크	点心，蛋糕
생크림	生奶油	옆	旁边
포장하다	包装	초	蜡烛
~개	个，~支		

 语法

~(이)라서

'~(이)라서'和'~아/어/여서'（表示理由的连接词尾）与'~이다'或'~아니다'的结合形的意义相同。它主要用于口语中。

보기 저는 장남이라서 부모님을 모셔야 합니다.
我是长子，应侍奉父母。

아침이라서 가게에 손님이 없습니다.
因为是早上，店铺里没有客人。

직접 들은 말이 아니라서 믿을 수 없습니다.
不是直接听到的话不可信。

~(으)ㄴ 것 같다

用于形容词词干后，表示对现有的行为或情况进行推测。'~(으)ㄹ 것 같다'（参照15课语法）是对行为或情况在无经验（指体验）的情况下，进行推测。'~(으)ㄴ 것 같다'是在具有经验的基础下进行推测。动词词

干根据时态，现在时用'~는 것 같다'，过去时用'~(으)ㄴ 것 같다'，将来时用'~(으)ㄹ 것 같다'。

> 보기 이 옷은 좀 작은 것 같은데요.
> 这件衣服好像有点小。
>
> 그분은 한국말을 잘하는 것 같습니다.
> 那个人的韩语好像不错。
>
> 어젯밤에 비가 많이 온 것 같아요.
> 昨天晚上好像下了大雨。

~(이)나

用于"多少"、"几"等数量疑问词后，表示'~码'的意思。即大约或大致。

> 보기 손님을 몇 분이나 초대하셨습니까?
> 接待（了）几位客人？
>
> 하루에 커피를 몇 잔이나 마십니까?
> 每天喝几杯咖啡？
>
> 어제는 돈을 얼마나 쓰셨어요?
> 昨天用了多少钱？

 句型练习

보충 단어 补充生词

공휴일	公休日	주부	主妇，家庭妇女
동네	村庄	이렇게	这样地
이건(이것은)	'이것은'的缩略形	젊은이	年轻人
하숙하다	寄宿	돈을 쓰다	花钱，用钱

1. _____(이)라서 _____ .

> 보기 일요일이다 / 시내에 차가 없습니다.
> → 일요일이라서 시내에 차가 없습니다.

1) 방학 때이다 / 시간이 많이 있습니다.
2) 공휴일이다 / 여행 가는 사람이 많아요.
3) 모르는 길이다 / 혼자 갈 수 없습니다.
4) 주부이다 / 일찍 집에 가야 해요.
5) 나는 한국 사람이 아니다 / 잘 모릅니다.

2. 가 : _____ ?
   나 : _____(이)라서 _____ .

> 보기 가 : 왜 이 동네 하숙비가 비싸요? (지하철 근처이다)
> 나 : 지하철 근처라서 하숙비가 비싸요.

1) 왜 이렇게 값이 쌉니까? (큰 시장이다)
2) 왜 백화점에 사람이 많습니까? (세일이다)
3) 왜 이건 이렇게 비쌉니까? (손으로 만든 것이다)
4) 왜 여긴 이렇게 젊은이들이 많이 있습니까? (대학 근처이다)
5) 왜 요즘 날마다 도서관에 갑니까? (시험 때이다)

3. _____(으)ㄴ 것 같습니다.

> 보기 날씨가 좋다
> → 날씨가 좋은 것 같습니다.

1) 값이 싸다

2) 길이 복잡하다

3) 그 사람은 친구가 많다

4) 시험이 어렵다

5) 산이 높지 않다

4. _____는 것 같습니다.

> 보기 그 사람이 요즘 영어를 배우다
> → 그 사람이 요즘 영어를 배우는 것 같습니다.

1) 한국말을 잘하다

2) 학교 근처에서 하숙하다

3) 중요한 약속이 있다

4) 그 사람은 오늘 시간이 없다

5) 한국 음식을 좋아하지 않다

5. _____(으)ㄴ 것 같습니다.

> 보기 손님이 많이 왔다
> → 손님이 많이 온 것 같습니다.

1) 너무 일찍 왔다

2) 수업이 끝났다

3) 비행기가 벌써 도착했다

4) 시험을 잘 봤다

5) 결혼하지 않았다

6. _____(이)나_____ ?

> 보기 얼마 / 기다렸습니까?
> → 얼마나 기다렸습니까?

1) 친구가 몇 명 / 있습니까?
2) 날마다 몇 시간 / 일하십니까?
3) 시간이 얼마 / 걸렸습니까?
4) 한국에서 몇 년 / 살았습니까?
5) 우표를 몇 장 / 드릴까요?

7. 가 : _____ .
   나 : _____(이)나 _____ ?

> 보기 가 : 저는 미국에서 살았습니다. (몇 년)
> 나 : 몇 년이나 살았습니까?

1) 어제 우리 집에 손님이 많이 오셨습니다. (몇 분)
2) 어제 술을 많이 마셔서 피곤합니다. (몇 병)
3) 지난 주말에 돈을 많이 썼습니다. (얼마)
4) 사과를 사려고 합니다. (몇 개)
5) 어제 일을 많이 했습니다. (몇 시간)

제24과

이야기를 들으니까 가고 싶어지네요.

마이클 : 다음 휴가 때 제주도에 한번 가 볼 생각이에요.
马克 : 下次休假，我打算去济州岛。

떵위링 : 제주도가 어디예요?
邓玉玲 : 济州岛在哪儿？

마이클 : 제주도는 한국 남쪽에 있는 섬인데 경치가 아주 아름다워요.
马克 : 济州岛是韩国南边的一个岛屿，风景很美。

떵위링 : 마이클 씨 이야기를 들으니까 저도 가고 싶어지네요.
邓玉玲 : 听你这么一说，我也想去。

生词

다음	下次	휴가	休假
제주도	济州岛	생각	想法，打算
남쪽	南边	섬	岛，岛屿
경치	景色，风景	이야기	话，说话

语法

~(으)니까

　　连接词尾。用于谓词词干后，表示在某一行为下，发现了另一事实或发生了另一事情。它和表示理由的'~(으)니까'有所不同，即使过去的行为也不用'~았/었/였으니까'而用'~(으)니까'。

> 보기
> 아침에 일어나니까 9시였습니다.
> 早上起床已有九点了。
>
> 어제 집에 가니까 아무도 없었습니다.
> 昨天回家谁都没在家。
>
> 제가 전화하니까 친구가 받았어요.
> 我打电话，朋友接的。

 句型练习

보충 단어 补充生词

노래방　练歌房, 卡拉OK　　통화 중　通话中, 占线
이태원　梨泰园 (地名)　　돌아가다　回, 返回

1. _____(으)ㄹ 생각입니다.

> 보기 주말에 시골에 가다
> → 주말에 시골에 갈 생각입니다.

1) 다음달에 이사하다
2) 이 돈을 저금하다
3) 친구하고 같이 여행하다
4) 그 일은 신 과장에게 부탁하다
5) 다음에는 한국 소설을 읽다

2. 가 : _____(으)ㄹ 생각입니까?
　 나 : _____(으)ㄹ 생각입니다.

> 보기 주말에 뭘 하다 / 집에서 쉬다
> 　가 : 주말에 뭘 할 생각입니까?
> 　나 : 집에서 쉴 생각입니다.

1) 휴가 때 어디에 가다 / 설악산에 가다
2) 언제 자동차를 사다 / 보너스를 받으면 사다
3) 언제쯤 결혼하다 / 졸업한 후에 결혼하다

4) 크리스마스 때 뭘 하다 / 친구들과 같이 놀다
5) 언제까지 한국에 있다 / 내년까지 있다

3. _____(으)니까 _____ .

> 보기 어제 집에 가다 / 11시였어요.
> → 어제 집에 가니까 / 11시였어요.

1) 노래방에 가 보다 / 손님이 아주 많았어요.
2) 그 사람을 만나 보다 / 아주 친절한 사람이었어요.
3) 김치를 먹어 보다 / 맵지만 맛이 있어요.
4) 전화하다 / 통화 중이었어요.
5) 이태원에 가다 / 외국에 온 것 같았어요.

4. _____(으)니까 어때요?

> 보기 아침마다 운동을 하다
> → 아침마다 운동을 하니까 어때요?

1) 혼자서 여행해 보다
2) 초등 학교 때 친구를 만나다
3) 한국말로 편지를 써 보다
4) 한복을 입다
5) 지하철을 타 보다

5. 가 : _____(으)니까 어때요?
   나 : _____(으)니까 _____ .

제24과 이야기를 들으니까 가고 싶어지네요.

> 보기 김치를 만들어 보다 / 재미있어요.
>   가: 김치를 만들어 보니까 어때요?
>   나: 김치를 만들어 보니까 재미있어요.

1) 시장에 가 보다 / 물건 값이 아주 쌌어요.
2) 이 책을 읽어 보다 / 좀 어려워요.
3) 그 일을 해 보다 / 좀 힘들지만 재미있어요.
4) 부모님 편지를 받다 / 고향에 돌아가고 싶어요.
5) 아르바이트를 하다 / 피곤하지만 재미있어요.

结婚摄影 (室外摄影)

　　明朗的天气，在景福宫和德寿宫等地方，经常能见到穿着结婚礼服和晚宴服的情侣们。不只是一两对。仔细一看，到处都是结婚情侣。

　　为了拍结婚纪念照，在摄相师和助手的提示下，准备摆姿势。手拉手，互相凝视，面部带着亲密的微笑……。有时候拍照现场的过分肉麻，反而使观看者感到不好意思。

　　说拍结婚照，拍摄当天不一定是结婚日。几年前，很多情侣们为了当天拍照，一大早开始忙碌起来，到了真正办结婚仪式的时候，人已精疲力尽，难以感觉结婚的喜悦。吸取这种经验，现在的情侣们大部分都在结婚日之前选好合适的日子，拍完人生中最有意义的新生活的开始。

　　作为拍摄现场一般选择宫殿，古迹和乐天世界等游览地。还有，若俩人是校友，以母校作为拍摄现场也是很受欢迎的。

　　室外摄影仿佛像电影中的一个场面，装饰着新房，珍藏在影集之中，成为夫妇俩一生中的珍贵之物。

한국의 특산물
(韩国特产品)

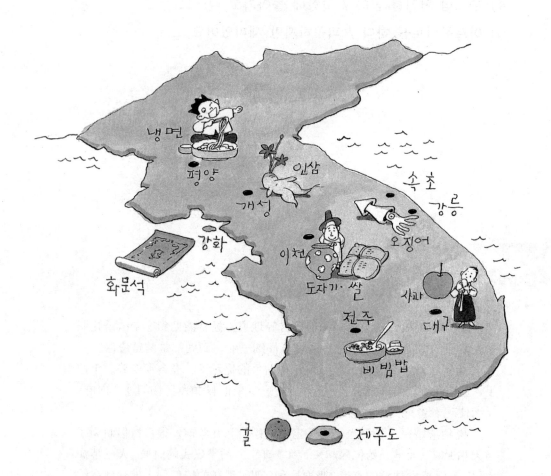

제 25 과

비행기로 갔으면 좋겠어요.

상우: 이번 연휴 때 오래간만에 설악산에 가려고 해요.
相优: 这次双休日,打算去好久没去的雪岳山。

혜정: 요즘 단풍이 들어서 경치가 아주 좋을 거예요. 그런데 표는 사셨어요?
惠贞: 最近枫叶红了,风景一定很美。你买票了吗?

상우: 아니오, 아직 안 샀는데 비행기로 갔으면 좋겠어요.
相优: 没有,还没买呢。我想坐飞机去。

혜정: 그 때는 놀러 가는 사람들이 많으니까 빨리 예매하지 않으면 안될 거예요.
惠贞: 那时候去玩的人很多,不赶快订票是不行的。

 生词

오래간만에	许久，隔了许久	설악산	雪岳山（山名）
단풍	红叶，枫叶变红	놀러 가다	去玩
빨리	快快地	예매하다	预买，订买

 语法

~ 만에

用于表示时段的词语后，表示某一现象再次出现时相隔的时间，强调这时间特别长或特别短。

> 보기 두 달 만에 비가 왔습니다.
> 隔了两个月才下雨。
>
> 오래간만에 잘 쉬었습니다.
> 隔了很久才好好地休息。
>
> 얼마 만에 가족을 만났어요?
> 隔了多长时间才见到家人？

~(으)ㄹ 거예요

用于谓词词干后，表示推测。当推测的行为或事情已经结束时，用 '~았/었/였을 거예요'。

> 보기 내일은 날씨가 좋을 거예요.
> 明天大概天气不错。

아마 시험이 어려울 거예요.
考试大概很难。

그 사람이 벌써 퇴근했을 거예요.
那个人大概已经下班了。

~았/었/였으면 좋겠다

常用格式。表示说话人的希望。'~았/었/였으면'常和'하다'或'좋겠다'连用。这里的'~았/었/였'不是表示过去时态，而是表示已有希望。相当于汉语的"要是……就好了"、"真想……"。

> 보기　그 사람과 친구가 되었으면 좋겠어요.
> 要是和那个人成为朋友就好了。
>
> 외국으로 여행 갔으면 좋겠습니다.
> 要是能去国外旅游就好了。
>
> 일이 빨리 끝났으면 좋겠어요.
> 要是能快点做完事就好了。

~(으)면 안되다

常用格式。与'~아/어/여도 되다'正好相反，表示不可以、禁止。相当于汉语的"如果……的话，不行"或"不能"。

> 보기　병원이나 공항에서 담배를 피우면 안됩니다.
> 不能在医院或机场抽烟。
>
> 교실에서 영어나 일본어로 말하면 안됩니다.
> 在教室里不能用英语和日语说话。
>
> 호텔을 미리 예약하지 않으면 안됩니다.
> 不提前预定房间不行。

 句型练习

보충 단어 补充生词

옮기다	挪动，（住处）搬移	동창	同窗，同学
통역하다	翻译（指口译）	의사	大夫，医生
지각하다	迟到	여권	护照
잃어버리다	丢失，失掉		

1. 오래간만에 _____ .

   > 보기 고향에 돌아왔습니다.
   >   → 오래간만에 고향에 돌아왔습니다.

   1) 영화를 봤습니다.
   2) 친구에게 편지를 썼습니다.
   3) 등산을 했습니다.
   4) 고등 학교 친구를 만났습니다.
   5) 소설책을 읽었습니다.

2. _____ 만에 _____ .

   > 보기 3년 / 한국에 왔습니다.
   >   → 3년 만에 한국에 왔습니다.

   1) 1년 / 여행을 했습니다.
   2) 1주일 / 술을 마셨습니다.
   3) 다섯 달 / 하숙집을 옮겼습니다.

4) 10년 / 대학 동창을 만났습니다.

5) 얼마 / 골프를 쳤어요?

3. _____(으)ㄹ 거예요.

> 보기 오늘은 시장에 손님이 많다
> → 오늘은 시장에 손님이 많을 거예요.

1) 그 길은 좀 복잡하다
2) 내일부터 날씨가 추워지다
3) 그 영화가 재미있다
4) 그 사람이 일찍 오다
5) 지금 출발하면 늦지 않다

4. 가 : _____(으)ㄹ까요?
   나 : 네, _____(으)ㄹ 거예요.
       아니오, _____지 않을 거예요.

> 보기 내일 비가 오다
> 가 : 내일 비가 올까요?
> 나 : 네, 내일 비가 올 거예요.
>   아니오, 내일 비가 오지 않을 거예요.

1) 이 책이 어렵다
2) 지하철역이 여기에서 멀다
3) 한복이 어울리다
4) 거기까지 시간이 많이 걸리다
5) 손님들이 매운 음식을 좋아하다

5. _____았/었/였으면 좋겠어요.

> 보기　한국말을 잘하다
> → 한국말을 잘했으면 좋겠어요.

1) 자동차를 사다.
2) 내일 날씨가 좋다
3) 일이 빨리 끝나다
4) 가족들이 다 건강하다
5) 시험이 어렵지 않다

6. 가 : _____았/었/였으면 좋겠어요?
　 나 : _____았/었/였으면 좋겠어요.

> 보기　어디에서 만나다 / 회사 근처에서 만나다
> 　　　가 : 어디에서 만났으면 좋겠어요?
> 　　　나 : 회사 근처에서 만났으면 좋겠어요.

1) 어떤 일을 하다 / 통역하는 일을 하다
2) 어떤 곳에서 살다 / 깨끗하고 조용한 곳에서 살다
3) 어떤 영화를 보다 / 재미있는 영화를 보다
4) 친구가 무슨 선물을 하다 / 장미꽃을 선물하다
5) 아이가 뭐가 되다 / 의사나 선생님이 되다

7. _____ (으)면 안됩니다.

> 보기　지각하다
> → 지각하면 안됩니다.

1) 교실에서 담배를 피우다
2) 다른 사람 집에 밤늦게 전화하다
3) 여권을 잃어버리다
4) 숙제를 하지 않다
5) 약속을 지키지 않다

8. 가 : _____아/어/여도 됩니까?
   나 : 네, _____아/어/여도 됩니다.
   　　 아니오, _____(으)면 안됩니다.

> 보기   교실에서 담배를 피우다
> 　　　　가 : 교실에서 담배를 피워도 됩니까?
> 　　　　나 : 네, 담배를 피워도 됩니다.
> 　　　　　　 아니오, 담배를 피우면 안됩니다.

1) 학교에 늦게 오다
2) 길에 주차하다
3) 교실에서 영어로 말하다
4) 시험을 안 보다
5) 약을 먹지 않다

REVIEW

Lesson 21~ Lesson 25   제21과~제25과

 阅读练习

서 울

저는 한국에 유학을 온 학생입니다. 한국말을 배우고 있지만 서울에서 남대문 시장에도 한 번 가 본 일이 없습니다. 또 한국 음식도 아직 잘 먹지 못합니다. 그리고 서울에서 찍은 사진도 한 장 없습니다. 제가 고향에 갈 때마다 고향 사람들이 "서울은 어떤 도시입니까?"라고 저한테 물어 봤습니다. 그 때마다 저는 대답을 못 해서 아주 부끄러웠습니다. 그래서 제가 관광 안내책에서 서울을 찾아보았습니다.

서울은 한국의 수도로 정치, 경제, 문화 등 모든 분야에서 중심 역할을 하고 있습니다. 북한산, 도봉산, 관악산 등이 주위에 있고 또 한강이 있기 때문에 상당히 좋은 위치를 가지고 있습니다. 여러 가지 이름이 있었고 상당히 긴 역사를 가지고 있지만, '서울'의 이름은 1945년부터 쓰기 시작했고 1946년에 서울 특별시로 되었습니다.

……그리고 1988년 이후로 서울이 유명해지기 시작해서 서울을 찾는 관광객이 점점 많아지고 있습니다. 남대문, 경복궁, 서울 타워, 인사동, 올림픽 공원 등 유명한 곳이 많이 있습니다……. 인구가 많기 때문에 주택 문제, 교통 문제, 환경 문제 등 여러 가지 문제가 있습니다…….

앞으로 서울에 있는 동안 서울의 여기저기를 구경해 보고, 한국 음식도 여러 가지를 맛보고, 사진도 많이 찍겠습니다.

단어 生词

유학	留学	~ 번	~次
~ 장	~张	도시	城市，都市
대답하다	回答，答，解答	부끄럽다	害羞，不好意思
찾아보다	寻找	수도	首都
정치	政治	경제	经济
문화	文化	모든	全~，所有~，一切（冠形词）
분야	领域，部门	중심	中心
역할	作用	북한산	北汉山（山名）
도봉산	道峰山（山名）	관악산	冠岳山（山名）
주위	周围	한강	汉江（江名）
상당히	非常地，相当地	위치	位置，地位

가지고 있다	具有，拥有	쓰다	用，使用
특별시	特别市	이후	以后
관광객	游客，旅游者	점점	越来越，逐渐
경복궁	景福宫	서울 타워	首尔塔
인사동	仁寺洞	올림픽 공원	奥林匹克公园
인구	人口	주택	住宅
문제	问题	환경	环境
앞으로	将来，今后	여기저기	这儿那儿，各地
맛보다	尝尝，品尝		

연습 문제 练习问题

1. 이 사람은 한국에서 여행을 많이 해 봤습니까?

2. 지금까지 이 사람은 한국 음식을 잘 먹었습니까?

3. 서울에 흐르는 강의 이름이 무엇입니까?

4. '서울'의 이름은 언제부터 사용하기 시작했습니까?

5. 이 사람은 서울에 있는 동안 무엇을 하려고 합니까?

首尔

　　我是来韩国留学的学生，在学韩国语。但是我连南大门市场都没去过，韩国饭菜也不怎么吃，在汉城一张照片都没照过。每当我回家时，人们常问我："首尔是什么样的城市？"那时候，我回答不出来，特别不好意思。于是我从旅游介绍书中寻找了首尔。

　　首尔是韩国的首都，是政治、经济、文化等各个领域的中心。四周有北汉山、道峰山、冠岳山等，还有汉江，地理位置十分重要。

　　这个城市历史悠久，原有许多名字。"서울"这个名字是1945年开始使用的，1946年称为特别市……1988年起，开始出名，吸引着越来越多的游人。许多有名的旅游胜地有：南大门、景福宫、首尔塔、仁寺洞、奥林匹克公园等。

　　首尔人口多，随之也带来了住宅、交通、环境等许多问题……。
　　今后，在首尔停留的期间，我将游览汉城各地，多尝尝韩国菜、多留些影。

쓰기연습 运用练习

1. 다음 불규칙 동사(不规则动词)를 이용하여 문장을 완성하십시오.

   > 보기 듣다
   >   어제 _____(으)ㄴ 노래가 좋아서, 오늘도 또 _____고 싶어요.
   >   → 어제 들은 노래가 좋아서, 오늘도 또 듣고 싶어요.

   1) 부르다 :
      제가 노래를_____았/었/였으니까 이번에는 선생님이 (으)세요.

   2) 파랗다 :
      맑은 날씨에는_____(으)ㄴ 하늘이 더_____습니다.

   3) 어렵다 :
      저에게는 한국말이_____(으)ㄴ데 한국 사람들에게는_____지 않지요?

   4) 돕다 :
      옛날에 그 친구가 저를 많이_____아/어/여 주었으니까, 이번에는 제가 그 친구를_____고 싶어요.

   5) 다르다 :
      사람들마다 얼굴이_____고 성격도_____아/어/여요.

   6) 하얗다 :
      _____(으)ㄴ 색이 없어서_____게 칠할 수 없어요.

2. 다음 대화를 완성하십시오.

   > 보기 방학이 되면 어디에 가고 싶어요? (고향)
   >   → 방학이 되면 <u>고향에 가고 싶어요</u>.

202

1) 가 : 영희 씨는 소원이 뭐예요? (날씬하다)
   나 : 저는 좀 뚱뚱하니까 _____ 좋겠어요.

2) 가 : 저 그림은 누가 그린 거예요?
   나 : 제 동생이 _____

3) 가 : 밤늦게 전화해도 됩니까?
   나 : 아니오, _____ .

4) 가 : 이 일을 내일 해도 돼요?
   나 : 아니오, 내일 출장을 가니까 오늘까지 _____(으)면 안 돼요.

3. 알맞은 말을 골라 (　)에 쓰십시오.

> 보기　(이)나, 에, (으)로, 씩, 짜리, 밖에, 째

1) 이 아르바이트는 한 시간(　　) 얼마예요?

2) 저는 자동차를 타면 머리가 아파서 기차(　　) 못 타요.

3) 이 옷을 외출복(　　) 샀는데, 어때요?

4) 어제 술을 몇 병(　　) 마셨어요?

5) 커피를 마시려면 100원(　　) 동전이 필요해요.

6) 이번이 한국에 세 번(　　) 오는 거예요.

7) 택시 한 대에 네 명(　　) 탈 수 있어요.

4. 다음은 서울 슈퍼마켓의 바겐 세일 안내입니다. 잘 보고 질문에 대답을 쓰십시오.

바겐 세일

기간 : 7월 8일 - 7월 13일
장소 : 서울 슈퍼마켓
전화번호 : 396-0752

계란 (10개) 1,000원	⇨	650원	오렌지주스 (1.5L) 2,000원 ⇨	1,500원
수박 (1통) 13,000원	⇨	8,000원	돼지고기 (600g) 3,200원 ⇨	2,000원
참외 (3개) 3,000원	⇨	2,000원	커피 (200g) 5,700원 ⇨	4,300원
토마토 (1근) 1,000원	⇨	600원		

선물도 드립니다.
— 30,000원 이상 : 예쁜 물병
— 50,000원 이상 : 예쁜 도시락

30,000원 이상 사면 배달도 해 드립니다.

1) 바겐 세일을 며칠 동안 합니까?

2) 오렌지 주스는 값을 얼마나 깎아 줍니까?

3) 세일 때 계란은 한 개에 얼마씩입니까?

4) 3,000원으로 토마토를 얼마나 살 수 있습니까?

5) 배달을 시키려면 물건을 얼마나 사야 합니까?

6) 50,000원 이상 물건을 사면 어떤 선물을 받을 수 있습니까?

듣기연습 听力练习

1. 다음 이야기를 듣고 대답하십시오.

    1) 다음 물건들은 각각 얼마입니까?

    ① 가방 한 개   (   )
    ② 양말 한 켤레   (   )
    ③ 청바지 한 벌   (   )

    2) 양말은 모두 몇 켤레 샀습니까?

    ① 한 켤레   ② 두 켤레   ③ 세 켤레   ④ 네 켤레

    3) 75,000원짜리 청바지를 왜 사지 않았습니까?
    (   )

    4) 이 손님은 오늘 모두 얼마나 샀습니까? (   )

    ① 104,000원   ② 128,000원   ③ 108,000원   ④ 124,000원

2. 다음 이야기를 듣고 빈 칸을 채우십시오.

    우리 사무실은 여의도 63빌딩 25층에 있습니다.

    우리 빌딩에 (   ) 안내 창구 옆에 엘리베이터가 있습니다.

    엘리베이터 (   ) 20층에서 30층까지 올라가는 엘리베이터를 타십시오.

    25층에 내리시면 앞에 큰 문이 있는데 그 문으로 (   )

    그 문에서 오른쪽 (   ) 문으로 들어오십시오.

    거기가 우리 사무실입니다. (   )

    오전에 (   ) 기다리고 있겠습니다.

띠
(属相)

　　自古以来，在东方流传着十二生肖纪生年的风俗，代表十二地支而用来纪人的出生年的十二种动物。在鼠、牛、虎、兔、龙、蛇、马、羊、猴、鸡、狗、猪等动物名称后边加一个"年"字来说明当年是什么年。比如，1998年是虎年，1999年是兔年，因此，1998年出生的人属虎，1999年出生的人属兔。十二年作为一个周期，隔十二年重复着同样的属相。大家是哪年出生的？请大家算一算自己是属什么的。

제 26 과

결혼을 축하합니다.

리무화:	결혼을 축하합니다. 신혼 여행은 어디로 갈 거예요?
李慕华:	恭喜，恭喜。蜜月旅行去哪儿？
혜정:	하와이에 가려고요.
惠贞:	去夏威夷。
리무화:	좋겠군요. 해외 여행은 처음이에요?
李慕华:	真不错。海外旅行是头一次吗？
혜정:	아니오, 두 번째예요. 대학교에 다닐 때 배낭 여행을 한 적이 있어요.
惠贞:	不，是第二次。念大学时曾背包旅行过。

 生词

결혼	结婚	축하하다	恭喜，祝贺
신혼	新婚	하와이	夏威夷（地名）
해외	海外	대학교	大学校
다니다	上（学校）	배낭	背包，背囊

 语法

~ 번째

'번'是表示数量的量词，'째'是表示次序、等级的后缀词，放在一起表示顺序或次数。 如第一、第二、第三、第四、第五、第六~第十、第十一~第二十。

보기　앞에서 첫 번째 자리에 앉으신 분이 우리 아버지입니다.
　　　坐在前边第一排的是我爸爸。

　　　제가 우리 반에서 두 번째로 키가 커요.
　　　我是我们班个子第二高的。

　　　이번에 한국에 여행 오신 게 몇 번째예요?
　　　这是第几次来韩国旅游?

제26과 결혼을 축하합니다.

 句型练习

보충 단어 补充生词

승진	晋升, 升级	건물	建筑, 建筑物
매달	每月	어리다	年幼, 幼小

1. _____을/를 축하합니다.

> 보기 생일
> → 생일을 축하합니다.

1) 결혼
2) 입학
3) 승진
4) 졸업
5) 합격

2. _____ 번째_____ .

> 보기 열 번 / 생일이에요.
> → 열 번째 생일이에요.

1) 1(첫) / 손님이에요.
2) 3(세) / 건물입니다.
3) 2(두) / 시험입니다.
4) 100(백) / 손님에게 선물을 드리겠어요.
5) 매달 1(첫) / 3(세) / 월요일이 백화점 휴일입니다.

3. _____(으)ㄹ 때 _____ .

> 보기 잘 모르다 / 선생님께 질문합니다.
> → 잘 모를 때 선생님께 질문합니다.

1) 한국에 오다 / 비행기로 왔습니다.
2) 수업을 하다 / 한국말로 말합니다.
3) 대학교에 다니다 / 혼자서 살았습니다.
4) 전화 번호를 모르다 / 114로 전화하십시오.
5) 일이 끝났다 / 그 친구가 왔습니다.

4. 가 : _____ ?
    나 : _____(으)ㄹ 때 _____ .

> 보기 가 : 언제 한국말을 배웠습니까? (대학교에 다니다)
> 나 : 대학교에 다닐 때 한국말을 배웠습니다.

1) 언제 음악을 듣습니까? (피곤하다)
2) 언제 고향에 가려고 합니까? (다음에 시간이 있다)
3) 언제 이 치마를 입으려고 합니까? (내일 친구를 만나다)
4) 언제 피아노를 배웠습니까? (어리다)
5) 언제 그 사람을 봤어요? (지난번에 시장에 갔다)

5. _____(으)ㄴ 적이 있습니다.

> 보기 약속을 잊어버리다
> → 약속을 잊어버린 적이 있습니다.

1) 김 선생님을 만나다
2) 노래방에 가 보다
3) 시장에서 물건 값을 깎다
4) 김치를 먹어 보다
5) 한복을 입어 보다

6. 가 : _____(으)ㄴ 적이 있습니까?
   나 : 네, _____(으)ㄴ 적이 있습니다.
   　　아니오, _____(으)ㄴ 적이 없습니다.

> 보기　약속을 잊어버리다
> 　　가 : 약속을 잊어버린 적이 있습니까?
> 　　나 : 네, 약속을 잊어버린 적이 있습니다.
> 　　　　아니오, 약속을 잊어버린 적이 없습니다.

1) 63빌딩에 가 보다
2) 하숙집에서 살아 보다
3) 여권을 잃어버리다
4) 불고기를 먹어 보다
5) 민속촌에 가 보다

단어 퍼즐
(单词游戏)

1. 개를 무서워하고 쥐와는 사이가 좋지 않은 동물입니다.
2. 살고 있는 집을 다른 곳으로 옮기는 것입니다.
3. 카메라로 찍은 것으로 오랫동안 볼 수 있는 종이입니다.
4. '가짜'가 아닌 좋은 물건입니다.
5. 공휴일로 쉬는 날이 이틀 이상 계속 되는 날입니다.
6. 학생들의 방학처럼 회사원들이 자유롭게 며칠 동안 쉬는 것입니다.
7. 노래 부르는 일을 직업으로 하는 사람입니다.
8. 과일 중에서 제일 크고, 겉은 초록색, 안은 빨간색인 과일입니다.
9. 오래 된 물건이나 자료 등을 전시하는 곳입니다.
10. 나라와 관계되는 일을 하고 국가로부터 월급을 받는 사람입니다.
11. 비가 온 후에 하늘에 생기는 것으로 빨강, 주황, 노랑, 초록, 파랑, 남색, 보라색이 나는 것입니다.
12. 쉬지 않고 아주 열심히 일을 하는 아주 작은 동물입니다.
13. 먼 곳에 갈 때 공항에서 이것을 타면 빨리 갈 수 있습니다.
14. 돈을 저금하거나 돈을 찾거나 돈을 바꾸는 곳입니다.
15. 역에서 타는데 아주 긴 차입니다.

해답
1. 고양이 2. 이사 3. 사진 4. 진짜 5. 연휴 6. 휴가 7. 가수 8. 수박 9. 박물관 10. 공무원 11. 무지개 12. 개미 13. 비행기 14. 은행 15. 기차

제 27 과

부산 출장을 다녀왔어요.

마쓰다: 지난주에 부산 출장을 다녀왔어요.
松田　：　上周从釜山出差回来了。

낸시　: 그래서 전화를 해도 안 받았군요.
　　　　바다 구경도 좀 하셨어요?
念士　：　难怪打电话没人接。去海边玩了吗?

마쓰다: 아니오, 시간이 없어서 볼일만 보고 왔어요.
松田　：　没有，没时间。办完事就回来了。

낸시　: 좋은 곳이 많은데 다음에 가시면 구경도 좀 하고
　　　　 오세요.
念士　：　好玩的地方多。下次去时，多看看。

 生词

지난주	上周，上星期	부산	釜山（地名）
출장	出差	다녀오다	去了回来
볼일을 보다	办要办的事，做要做的事		

 语法

~아/어/여도

　　连接词尾。用于谓词词干后，表示让步。即承认前面的事实，但不受其影响，仍出现某种行为或事态。相当于汉语的"即使……也……"、"尽管……也……"。当谓词词干的元音是'아/오'时，用'~아도'，其他的用'~어도'，'하다'与'~여도'缩写为'~해도'。

> **보기** 비가 와도 가려고 합니다.
> 即使下雨也想去。
>
> 비싸도 사려고 합니다.
> 即使贵也想买。
>
> 열심히 연습해도 한국말 실력이 좋아지지 않아요.
> 尽管努力地练习，韩国语实力也没能提高。

~만

　　助词，表示限制。相当于汉语的"只"、"光"、"仅仅"。

> **보기** 잠깐만 기다려 주세요.
> 请稍微等一会儿。
>
> 만 원만 빌려 줄 수 있어요?
> 可以借一万元吗？

제주도에만 가 봤습니다.
只去过济州岛。

 句型练习

보충 단어 补充生词

낫다　好，痊愈，有起色

1. _____아/어/여도 _____ .

> 보기 시간이 없다 / 꼭 오세요.
> → 시간이 없어도 꼭 오세요.

1) 내일 비가 오다 / 가야 합니다.
2) 보고 싶다 / 만날 수 없습니다.
3) 약을 먹다 / 낫지 않아요.
4) 책을 읽다 / 잘 모르겠습니다.
5) 일요일이다 / 할 일이 많습니다.

2. 가 : _____ .
　 나 : _____아/어/여도 _____ .

> 보기 가 : 내일 날씨가 나쁘면 어떻게 할 거예요?
> 　　　　(산에 갈 거예요.)
> 나 : 내일 날씨가 나빠도 산에 갈 거예요.

1) 비싸면 어떻게 할 거예요? (살 거예요.)

2) 그 사람이 없으면 어떻게 할 거예요? (기다릴 거예요.)

3) 이 책은 좀 어려운데요. (읽고 싶어요.)

4) 그 공원은 좀 멀어요. (가겠습니다.)

5) 저는 영어를 잘 못해요. (이 책을 읽을 수 있어요.)

3. _____만 _____ .

> 보기   한국말 / 배웁니다.
> → 한국말만 배웁니다.

1) 월요일과 수요일에 / 일합니다.

2) 아침에 우유 / 마셨습니다.

3) 친구들 / 초대했어요.

4) 술 / 마셔요.

5) 이름 / 알아요.

4. 가 : _____ ?
   나 : _____만 _____ .

> 보기   가 : 어제 공부를 많이 했어요? (아니오, 숙제)
> 나 : 아니오, 숙제만 했어요.

1) 누구에게 그 이야기를 했어요? (아내에게)

2) 방학 때 어디에 여행을 갔어요? (설악산에)

3) 손님을 몇 명이나 초대했어요? (세 명)

4) 날마다 아르바이트를 합니까? (아니오, 토요일에)

5) 요즘 여러 가지 운동을 합니까? (아니오, 수영)

제28과

한복맞추는데 돈이 얼마나 들어요?

한복집에서 (在韩服店)

낸시 : 여자 한복 한 벌 맞추는 데 돈이 얼마나 들어요?
念士 : 定做一套女式韩服要多少钱?

주인 : 좋은 감으로 맞추면 50만원쯤 들어요.
店主 : 好料要50万元左右。

낸시 : 50만원이나 해요? 좀 싼 건 없어요?
念士 : 50万元? 没有稍微便宜点儿的吗?

주인 : 여러 가지 많으니까 천천히 구경해 보세요.
店主 : 有很多种, 你看看吧。

 生词

한복집	韩服店	맞추다	定做
돈이 들다	花费钱，需要费用	감	材料，料

 语法

~는 데

常用格式。'~는'为现在时态定语冠形词尾，'데'是表示情况或事情的不完全名词。'~는 데'后面常跟'돈이 들다'和'시간이 걸리다'，表示做某种事情或完成某事件所需要的费用或时间。

> 보기　숙제하는 데 3시간 걸렸어요.
> 　　　做作业用了三个小时。
>
> 　　　집까지 걸어가는 데 5분밖에 안 걸립니다.
> 　　　走到家只需要五分钟。
>
> 　　　요즘은 결혼식하는 데 돈이 많이 들어요.
> 　　　最近举行婚礼需要很多钱。

~(으)로

助词，用于名词后表示材料。开音节后和以/韵尾'ㄹ'结尾时用'~로'，闭音节后用'~으로'。

> 보기　종이로 인형을 만들었습니다.
> 　　　用纸做的娃娃。

장미꽃으로 꽃다발을 만들었습니다.
用玫瑰做的花束。

밀가루로 빵을 만듭니다.
用面粉做面包。

~(이)나

助词，用于表示数量的名词后，表示数量比想像的多。

보기 불고기가 맛있어서 혼자 3인분이나 먹었어요.
烤肉真香，一个人吃了三份。

친구를 1시간이나 기다렸어요.
等朋友等了一个小时。

결혼식에 손님이 500명이나 왔어요.
婚礼来了五百人。

 句型练习

보충 단어 补充生词

국제 전화	国际电话，国际长途	고치다	修理，改正
비자	签证	연극	话剧，戏剧
~편	~场（电影或话剧等）	식빵	（不加甜味的）主食面包
샌드위치	三明治，夹心面包		
포도	葡萄	잼	果酱
벽돌	砖，砖头	집을 짓다	造房，盖
꽃다발	花束	시다	酸
찌개	汤	면	棉
가죽	皮，皮革	모	毛

치즈　　　 奶酪　　　　　　　　　버터　　黄油, 奶油
나무　　　 树, 树木

1. _____는 데 (돈이) _____ 들어요.

   > 보기　한 달 동안 생활하다 / 50만 원
   > 　　　→ 한 달 동안 생활하는 데 50만 원 들어요.

   1) 머리를 자르다 / 만 원
   2) 택시로 여기까지 오다 / 5,000원쯤
   3) 일본에 1분 동안 국제 전화하다 / 1,000원쯤
   4) 옷 한 벌 사다 / 30만 원쯤
   5) 자동차를 고치다 / 2만 원

2. _____는 데 (시간이) _____ 걸려요.

   > 보기　숙제를 하다 / 2시간
   > 　　　→ 숙제를 하는 데 2시간 걸려요.

   1) 외국어를 배우다 / 1년 반쯤
   2) 비행기로 하와이에 가다 / 8시간쯤
   3) 비자를 받다 / 1주일
   4) 걸어서 여기까지 오다 / 30분
   5) 저녁 식사를 준비하다 / 1시간쯤

3. 가 : _____는 데 돈이 얼마나 들어요?
   　　　　　　　　　　　시간이 얼마나 걸려요?

   　나 : _____들어요. / 걸려요.

제28과 한복 맞추는 데 돈이 얼마나 들어요?

> 보기 옷 한 벌 맞추다 / 30만 원쯤
> 가: 옷 한 벌 맞추는 데 돈이 얼마나 들어요?
> 나: 30만 원쯤 들어요.

1) 병원에 한 번 가다 / 5,000원쯤
2) 연극 한 편 보다 / 2만 원쯤
3) 아침에 준비하다 / 1시간
4) 파마하다 / 2시간
5) 소설책 한 권 읽다 / 1주일쯤

4. _____(으)로 _____ .

> 보기 식빵 / 샌드위치를 만들었어요.
> → 식빵으로 샌드위치를 만들었어요.

1) 포도 / 잼을 만들 거예요.
2) 벽돌 / 집을 지었어요.
3) 장미꽃 / 꽃다발을 만들고 싶어요.
4) 신 김치 / 김치 찌개를 끓이면 맛이 있어요.
5) 면 / 만든 옷입니다.

5. 가: _____(으)로 _____ ?
   나: _____(으)로 _____ .

> 보기 가: 이 찌개는 뭘로 끓였어요? (생선)
> 나: 생선으로 끓였어요.

1) 이 가방은 뭘로 만들었어요? (가죽)
2) 이 옷은 뭘로 만들었습니까? (모)

3) 불고기는 뭘로 만들어요? (쇠고기)

4) 치즈와 버터는 무엇으로 만들어요? (우유)

5) 종이는 보통 뭘로 만들어요? (나무)

6. _____(이)나 _____ .

> **보기** 10명 / 초대했습니다.
> → 10명이나 초대했습니다.

1) 7년 / 영어를 배웠습니다.

2) 사과를 5개 / 먹었어요.

3) 불고기를 3인분 / 먹었어요.

4) 책을 5권 / 샀습니다.

5) 어제 20만 원 / 썼어요.

7. 가 : _____ .
   나 : _____ (이)나요?

> **보기** 가 : 손님을 15명 초대하려고 합니다. (15명)
> 나 : 15명이나요?

1) 영화를 좋아하기 때문에 1주일에 2-3편씩 봅니다. (1주일에 2-3편)

2) 저는 날마다 2시간씩 운동을 해요. (2시간)

3) 어제 오래간만에 친구를 만나서 4시간쯤 이야기했습니다. (4시간)

4) 이번 여름에 한 달 동안 여행했어요. (한 달)

5) 어제 편지를 5장 썼습니다. (5장)

제 29 과

누구든지 쉽게 배울 수 있어요.

경수 :	저는 요즘 태권도를 배우고 있는데, 배워 본적이 있으세요?
京秀 :	最近，我在学跆拳道，你学过吗？

사이토 :	배우고 싶지만 아직……. 그런데 배우기가 어렵지 않습니까?
济藤 :	虽然想学，但是还没……，不难学吗？

경수 :	아니오, 누구든지 쉽게 배울 수 있어요. 1제가 기본 동작 을 가르쳐 드릴 테니까 태권도장에 한번 오시겠어요?
京秀 :	不难，谁都能学。我教你基本动作。来跆拳道房吗？

사이토 :	그래도 될까요? 그럼 제가 주말에 가겠습니다.
济藤 :	可以吗？那么我周末去。

 生词

| 태권도 | 跆拳道 | 기본 동작 | 基本动作 |
| 태권도장 | 跆拳道场 | 그래도 | 还是 |

 语法

~게

连接词尾，用于形容词词干后，表示程度、方式、样态。相当于汉语的"……地"、"……得……"。

> 보기　꽃이 예쁘게 피었습니다.
> 花开得很美。
>
> 친구 집에서 즐겁게 놀았습니다.
> 在朋友家玩得很痛快。
>
> 바겐 세일이라서 물건을 싸게 샀습니다.
> 因为是减价东西买得很便宜。

~(으)ㄹ 테니까

是由'~(으)ㄹ, 터, 이니까'组成的。'~(으)ㄹ'是将来时态定语冠形词尾，'터'是表示意志、预测和推测的不完全名词，'~니까'是表示理由的连接词尾。当主语为第一人称时表示主语的意志，其他的情况表示说话人的推测。

> 보기　내가 지금 갈 테니까 기다리세요.
> 我现在就去，请等一等。

집에 있을 테니까 전화하세요.
我在家，请打电话。

김 선생님이 아실 테니까 김 선생님께 물어 보세요.
金先生知道，问金先生吧。

 句型练习

보충 단어 补充生词

짧다	短, 短暂	염려하다	担忧, 忧虑
걱정하다	操心, 担心	아마	恐怕, 大概, 可能
제시간에	按时, 正点儿	잡다	抓
두껍다	厚, 厚实	건강에 좋다	对身体好, 对健康有利
주의하다	注意		

1. _____게 _____ .

> 보기 싸다 / 샀습니다.
>   → 싸게 샀습니다.

1) 귀엽다 / 생겼습니다.
2) 맛있다 / 요리할 수 있습니다.
3) 예쁘다 / 포장해 드리겠습니다.
4) 재미있다 / 놀았습니다.
5) 머리를 짧다 / 잘라 주세요.

2. 가 : _____ .
   나 : _____게 _____군요.

   > 보기 가 : 이 꽃다발을 제가 만들었습니다. (예쁘다 / 만들었다)
   >   나 : 예쁘게 만들었군요.

   1) 이 아이가 제 아이입니다. (귀엽다 / 생겼다)
   2) 방학 동안 배낭 여행했어요. (재미있다 / 지냈다)
   3) 이것을 시장에서 1,000원에 샀어요. (싸다 / 샀다)
   4) 제가 조금 전에 청소했어요. (깨끗하다 / 청소했다)
   5) 이 음식들은 제가 만든 거예요. (맛있다 / 만드셨다)

3. _____(으)ㄹ 테니까 _____ .

   > 보기 제가 도와 드리겠다 / 염려하지 마십시오.
   >   → 제가 도와 드릴 테니까 염려하지 마십시오.

   1) 제가 빌려 드리겠다 / 사지 마십시오.
   2) 제가 가르쳐 드리겠다 / 걱정하지 마십시오.
   3) 제가 내일 아침에 기다리겠다 / 일찍 오십시오.
   4) 제가 물건을 골라 드리겠다 / 그것을 사십시오.
   5) 제 전화 번호를 가르쳐 드리겠다 / 전화하십시오.

4. 가 : _____ .
   나 : _____(으)ㄹ 테니까 _____ .

   > 보기 가 : 모르는 단어가 많아서 어려워요.
   >   (제가 도와 드리겠다 / 걱정하지 마십시오.)
   >   나 : 제가 도와 드릴 테니까 걱정하지 마십시오.

1) 서울 길을 잘 몰라서 걱정이에요.
   (제가 약도를 그려 드리겠다 / 걱정하지 마십시오.)
2) 오늘 일이 아주 많은데요.
   (제가 하겠다 / 걱정하지 마십시오.)
3) 비행기표를 살 돈이 모자라서 걱정이에요.
   (제가 빌려 드리겠다 / 염려하지 마십시오.)
4) 한국 노래를 하나 배우고 싶은데요.
   (제가 테이프를 빌려 드리겠다 / 들으면서 연습해 보세요.)
5) 한복을 한 벌 맞추려고 하는데요.
   (제가 잘 아는 한복집을 소개해 드리겠다 / 거기에 가 보세요.)

5. _____(으)ㄹ 테니까 _____ .

> 보기 아마 제시간에 도착하겠다 / 염려하지 마십시오.
>   → 아마 제시간에 도착할 테니까 염려하지 마십시오.

1) 아침에는 택시 잡기가 어렵겠다 / 지하철을 타세요.
2) 친구가 다방에서 기다리고 있겠다 / 가 보세요.
3) 한국 친구를 많이 사귈 수 있겠다 / 하숙을 하세요.
4) 다음주에는 추워지겠다 / 두꺼운 옷을 준비하세요.
5) 술을 많이 마시면 건강에 좋지 않겠다 / 주의하세요.

6. 가 : _____ .
   나 : _____(으)ㄹ 테니까 _____ .

> 보기 가 : 지금 가도 괜찮을까요?
>   (늦지 않겠다 / 염려하지 마세요.)
>   나 : 늦지 않을 테니까 염려하지 마세요.

1) 어디에서 물건을 사는 게 좋을까요?
   (시장이 값이 싸겠다 / 시장에서 사세요.)

2) 이번 연휴에 어디로 여행을 갈까요?
   (어디든지 사람이 많겠다 / 다음주에 여행을 갑시다.)

3) 1주일 후에 비행기표를 예약해도 될까요?
   (그 때는 표가 없겠다 / 지금 예약하세요.)

4) 걸어서 갈까요?
   (여기에서 좀 멀겠다 / 택시를 탑시다.)

5) 음식을 얼마나 준비해야 합니까?
   (손님이 많이 오시겠다 / 많이 준비합시다.)

公用电话

　　韩国的公共电话有磁卡式和投币式两种。磁卡在银行等金融机构和车站的小卖店、24小时便利店和路边的营业亭均有销售。磁卡跟中国的全国通用IC卡相比，稍微厚一点，是用塑料制成的。表面上印着韩国的重大节日、活动和植物、动物等画面，这些图案反映了韩国的风土人情。买卡的时候，说一声「전화카드 주세요.(给我一张电话卡。)」就可以。

　　打电话的时候，有画的一面朝下，有IN（←）标示的一面朝上，顺IN的箭头插进去就可以。重插的时候按一下右侧的蓝色按钮就可以。打国际长途的时候首先按一下001，然后挨着按一下对方国家的国号，区号，电话号码即可。投币式电话可以使用10元硬币、50元硬币、100元硬币，市内电话费跟中国差不多。打完电话之后，剩下的金额不找钱，因此假如投进去的硬币还没使完，不要挂话筒，把话筒放在电话机上面就可以。这样，后面的人也可以按着使用电话机，这也是一种互相照顾的表现吧！

제 30 과

차린 건 없지만 많이 드세요.

친구 집에서 (在朋友家)

혜정 : 차린 건 없지만 많이 드세요.
惠贞 : 没什么准备，多吃点。

낸시 : 이 김치가 정말 맛있군요. 집에서 담그신 거예요?
念士 : 这泡菜真好吃。自己家腌的吗？

혜정 : 네, 우리 어머니가 담그신 거예요. 매운 김치를 잘 드시는군요.
惠贞 : 对。是我妈妈腌的。看来你喜欢吃辣泡菜。

낸시 : 한국에 온 지 6개월이나 되었으니까요. 기회가 있으면 한국 요리도 배우고 싶어요.
念士 : 当然，来韩国已有6月了。有机会我也想学韩国菜。

 生词

차리다　置办，准备　　　드시다 吃，用餐，进餐
김치　　泡菜　　　　　　정말　真的，实话
담그다　腌，泡，做　　　맵다　辣
기회　　机会

 语法

~(으)ㄴ 거예요

'~(으)ㄴ'是过去时态定语形连接词尾，'거'是不完全名词'것'的缩略形。谓词为现在时态时用'~는 거예요'，将来时态时用'~(으)ㄹ 거예요'。形容词用'~(으)ㄴ 거예요'。

보기　이건 어제 선물로 받은 거예요.
　　　这是昨天收到的礼物。

　　　그 음악은 제가 제일 좋아하는 거예요.
　　　那是我最喜欢的音乐。

　　　이 도시락은 소풍 가서 먹을 거예요.
　　　这是出去玩时要吃的饭盒。

~(으)ㄴ 지

常用格式。是'지'和过去时态定语形词尾'~(으)ㄴ'的结合体。表示动作或状态持续到现在的时间。

> **보기** 그를 만난 지 여러 달이 지났다.
> 和他见面有几个月了。
>
> 서울로 이사온 지 10년이 되었다.
> 搬到首尔已有十年了。
>
> 밥을 먹은 지 30분밖에 안 됐는데, 벌써 배가 고파요.
> 吃完饭才三十分钟，肚子又饿了。

유형연습 句型练习

보충 단어 补充生词

후배　　　后辈，学妹，学弟　　　　드리ㅋ  给（'주다'的敬语）
돌아가시다　逝世，已故（'돌아가다'的敬语식）

1. ＿＿＿＿＿＿는/(으)ㄴ 거예요.

> **보기** 요즘 젊은이들한테 인기있다
> → 요즘 젊은이들한테 인기있는 거예요.

1) 요즘 제가 자주 듣다
2) 요즘 대학생들이 좋아하다
3) 친구한테서 빌렸다
4) 어제 수업 시간에 배웠다
5) 입학 선물로 받았다

2. _____은/는 _____(으)ㄹ 거예요.

> 보기 이것 / 오늘 수업 시간에 배우겠다.
> → 이것은 오늘 수업 시간에 배울 거예요.

1) 이 편지 / 친구에게 보내겠다.
2) 이 책 / 후배에게 선물로 주겠다.
3) 이 선물 / 어머니께 드리겠다.
4) 이 도시락 / 친구들과 함께 먹겠다.
5) 그 옷 / 내일 입겠다.

3. 가 : _____ ?
   나 : _____는/(으)ㄴ/(으)ㄹ 거예요.

> 보기 가 : 이거 시장에서 샀어요? (아니오, 제가 만들었다)
> 나 : 아니오, 제가 만든 거예요.

1) 이 노래 들어 봤어요? (네, 제가 자주 듣다)
2) 이 음식 좋아하세요? (네, 자주 먹다)
3) 한국에서 샀어요? (아니오, 미국에서 샀다)
4) 이거 졸업 선물로 받은 거예요? (아니오, 생일 선물로 받았다)
5) 이거 누구 줄 거예요? (아니오, 제가 쓰겠다)

4. _____(으)ㄴ 지 _____이/가 되었습니다.

> 보기 졸업하다 / 10년
> → 졸업한 지 10년이 되었습니다.

1) 한국에 오다 / 1년

2) 회사에 취직하다 / 3년 반

3) 영화를 보다 / 6개월

4) 결혼하다 / 5년

5) 할머니가 돌아가시다 / 20년

5. 가 : _____(으)ㄴ 지 얼마나 되었습니까?

　　나 : _____(으)ㄴ 지 _____이/가 되었습니다.

> **보기** 졸업하다 / 4년
> 　　　　가 : 졸업한 지 얼마나 되었습니까?
> 　　　　나 : 졸업한 지 4년이 되었습니다.

1) 출발하다 / 30분

2) 이것을 사다 / 25년

3) 약을 먹다 / 10분

4) 한국에 오다 / 1년 반

5) 이 책을 빌리다 / 1주일

REVIEW

Lesson 26 ~ Lesson 30   제26과~제30과

 阅读练习

금도끼와 은도끼

　옛날 어느 마을에 가난한 나무꾼이 살고 있었습니다. 그는 어머니를 모시고 살았는데, 부지런해서 늘 아침 일찍 산으로 가서 나무를 했습니다.

　어느 날 산 속에서 연못 옆에 있는 큰 나무를 발견하고 도끼로 세게 찍기 시작했습니다. 그런데 손에 힘이 없어져서 도끼를 연못에 빠뜨렸습니다. 하나밖에 없는 도끼를 빠뜨린 나무꾼은 연못을 보면서 한숨을 쉬었습니다. 그 때 갑자기 연못의 물이 움직이면서 하얀 연기와 함께 산신령님이 나타나셨습니다. 산신령님은 금으로 만든 도끼를 내밀면서 말했습니다.

"이 도끼가 당신이 빠뜨린 것입니까?"
"아닙니다."
"그럼 이 은도끼가 당신의 도끼입니까?"
"그것도 제 것이 아닙니다."
"그럼 이것입니까?"라고 하면서 그가 빠뜨린 쇠도끼를 내밀었습니다.
"네, 바로 그것이 제 도끼입니다."
산신령님은 "당신은 정직하기 때문에 이 도끼들을 모두 당신에게 줄 테니까 가져가십시오."라고 말하고 도끼 세 개를 준 후에 다시 연못 속으로 사라졌습니다.
그래서 그 나무꾼은 부자가 되었고 그 후에 결혼을 해서 행복하게 살았습니다.

단어 生词

금도끼	金斧子	은도끼	银斧子
가난하다	贫困	나무꾼	砍柴者, 樵夫
모시다	侍奉	부지런하다	勤, 勤快, 勤勉
늘	常常, 时常, 总是	~ 속	~ 里, 内
연못	荷塘	발견하다	发现
세다	强烈, 猛烈	(나무를) 찍다	砍 (柴)
힘이 없다	没劲, 没力气	빠뜨리다	掉进, 丢进, 落掉
한숨을 쉬다	叹息, 叹气	움직이다	动, 动弹
하얗다	白色, 白	연기	烟
산신령님	山神	나타나다	出现, 显出
내밀다	冒出, 推出	당신	您
쇠도끼	铁斧子	바로	就是
정직하다	正直, 诚实	가져가다	拿去, 取走
사라지다	消失, 消去	부자	富翁
행복하다	幸福		

연습 문제 练习问题

1. 나무꾼은 왜 도끼를 빠뜨렸습니까?
   _____

2. 도끼를 빠뜨린 후에 연못에서 어떤 일이 일어났습니까?
   _____

3. 나무꾼이 빠뜨린 도끼는 어떤 도끼입니까?
   _____

4. 산신령님을 만난 후에 나무꾼은 어떻게 되었습니까?
   _____

5. 산신령님은 왜 나무꾼에게 도끼 세 개를 다 주었습니까?
   _____

金斧子和银斧子

　　从前，在一个村庄里住着一位很贫穷的樵夫，他侍奉着他的母亲。他很勤劳，常常天还没亮就到山上砍柴。

　　有一天，他在山中荷塘边发现一棵大树便用劲砍了起来。砍着砍着手没了劲，斧子掉进了荷塘。惟一的斧子掉进了荷塘，樵夫看着荷塘叹起气来。突然，荷塘里的水动了起来，随着一股白烟，山神出现了。山神伸出一把金斧子问道：

　　"这金斧子是你掉的吗？"

　　"不，那不是我的。"

　　"这银斧子是你掉的吗？"

　　"不，那也不是我的。"

　　山神边说边把他刚掉的铁斧子伸了过来。

　　"是的。那正是我掉的斧子。"

　　山神又说道："你很诚实，这些斧子都给你，拿去吧。"说完便把三把斧子递给樵夫，消失在荷塘里。

　　后来，樵夫成了富人，结了婚，过上了幸福的生活。

쓰기연습 运用练习

1. 알맞은 접속사 (接续词)를 골라 에 쓰십시오.

> 보기 그러니까, 그러면, 그런데, 그렇지만, 그리고, 그래서

1) 지금 밖에 비가 옵니다. (　　　) 밖에서 놀지 마십시오.

2) 저는 미국에서 5년 살았습니다. (　　　) 영어를 잘 못합니다.

3) 일요일에 청소를 합니다. (　　　) 옷도 다립니다.

4) 비행기표가 없습니까? (　　　) 고속 버스를 타야겠군요.

5) 저도 같이 가고 싶습니다. (　　　) 여행을 가는 날짜가 언제입니까?

6) 그 사람은 키가 큽니다. (　　　) 농구를 잘해요.

2. 밑줄 친 곳을 알맞게 고치십시오.

> 보기 집에 돌아가고 저녁을 먹었습니다.
> → 돌아가서

1) 내일 손님이 몇 명도 올까요?

2) 창 밖을 보아서 비가 오고 있었습니다.

3) 저는 한국 요리를 만들 수 못합니다.

4) 숙제를 했는데 집에 두어 왔어요.

5) 제가 전화 번호를 가르쳐 드리겠으니까 한번 걸어 보십시오.

6) 토요일에는 회사에 안 가니까 양복을 입어야 하지 않아요.

7) 아이가 한 명밖에 있어요.

3. 그림을 보면서 '~때, ~(으)ㄹ 때'를 이용해서 문장을 완성하십시오.

보기 학교에 갈 때 가방을 가지고 갑니다.

1)

_____ 음악을 듣습니다.

2)

_____ 한복을 입었습니다.

3)

_____ 친구에게 카드를 보냅니다.

4)

_____ 선글라스를 쓰겠습니다.

4. 다음 질문에 부정문(붸땍얌)으로 대답하십시오.

> 보기 한국말로 전화할 수 있습니까?
>   아니오, 한국말로 전화할 수 없습니다.

1) 가 : 방학에 고향에 돌아갈 겁니까?
   나 : 아니오, _____.

2) 가 : 비행기 안에서 담배를 피워도 돼요?
   나 : 아니오, 비행기 안에서는 _____.

3) 가 : 병원에 입원한 적이 있어요?
   나 : 아니오, _____.

4) 가 : 6시까지 이 일이 끝날까요?
   나 : 아니오, 일이 너무 많아서 _____.

5) 가 : 내일 약속을 잊어버리면 안 돼요.
   나 : 네, _____(으)ㄹ 테니까 걱정하지 마세요.

 听力练习

1. 다음 이야기를 듣고 질문에 대답하십시오.

    1) 마이클 씨는 한국에서 결혼식에 처음 가 봤습니까?

    2) 정은주 씨는 언제 한복을 입어요?

    3) 마이클 씨는 어디에서 한복을 맞추려고 합니까?

    4) 정은주 씨는 한복을 샀습니까?

2. 다음은 기차 시간표입니다. 표를 보고 질문에 대답하십시오.

기차 종류	출발 역	출발 시간	도착 역	도착 시간	요금
무궁화	서울역	09:05	순천	15:20	12,300
새마을	서울역	10:00	부산	14:15	22,300
무궁화	서울역	11:05	광주	15:20	10,800
무궁화	서울역	12:00	부산	17:10	18,000
무궁화	서울역	14:15	마산	19:30	17,600
무궁화	서울역	20:05	대전	22:00	5,000

1)

2)

3)

4)

과수원길
(果园之路)

박화목 작사
김공신 작곡

둥구밖 과수원길 아카시아꽃이활짝폈네
하아얀 꽃 이파리 눈송이처럼날리네
향긋한 꽃냄새가 실바람타고솔솔
둘이서 말이없네 얼굴마구보며씽긋 아카시아꽃
하얗게핀 먼 옛날의과수원길 과수원길

부록

附录

연습 문제 해답

제1과 ~ 제5과   p. 37~ p. 45

읽기 연습 1 - 고향

1. 크리스 씨는 공부 때문에 시카고에서 혼자 살았습니다.
2. 네, 크리스 씨 고향이 시카고에서 가깝습니다.
3. 크리스 씨 고향의 여름 날씨는 서울과 거의 비슷하지만 여름이 좀 짧습니다.

읽기 연습 2 - 졸업식

1. 책을 읽으려고 아침 일찍 학교 도서관에 갔습니다.
2. 오늘은 졸업식 날입니다.
3. 아니오, 졸업식을 끝까지 구경하지 못했습니다.

쓰기 연습

1. 1) 돈이 많으면 자동차를 사겠습니다.
   2) 이번 여름에 시간이 있으면 바다에 가겠습니다.
   3) 피곤해서 일을 하지 않습니다.
   4) 음식을 만들려고 야채와 고기를 많이 샀습니다.

2. 1) 빵을 먹고 싶지 않습니다.
   2) 스키를 배우고 싶었습니다.
   3) 친구들을 초대하고 싶으면
   4) 생일에 받고 싶은
   5) 한국 신문을 읽고 싶지만
   6) 책을 빌리고 싶기 때문에

3. 1) 테니스를 칠 수 없습니다.
   2) 운전 시험을 잘 보지 못했습니다.
   3) 오늘 비행기표를 예약하지 마십시오.
   4) 여기에서 사진을 찍지 맙시다.

듣기 연습

1. 다음 문장을 듣고 문장 안에 있는 단어를 고르십시오.

   1) 8시쯤 연락하려고 합니다.
   2) 어느 다방에 갈까요?
   3) 시간이 있으면 한잔 합시다.
   4) 겨울 옷을 한 벌 사고 싶어요.
   5) 회사에서 몇 년쯤 일했습니까?

2. 다음 대화를 듣고 맞으면 ○, 틀리면 ×를 하십시오.

   다음은 마이클과 제인의 대화입니다.

   마이클: 다음주 월요일까지 연휴예요. 제인 씨는 무엇을 하려고 해요?
   제인 : 여행을 가고 싶지만 아직 모르겠습니다. 마이클 씨는요?
   마이클: 저도 여행을 가고 싶었습니다. 같이 부산에 갈까요?
   제인 : 부산은 너무 멀어요. 저는 월요일에 일이 있기 때문에 일요일 저녁에 오려고 해요.
   마이클: 그럼, 춘천은 어때요? 춘천은 가깝고 경치도 아주 아름다워요. 친구와 한 번 갔지만 또 가고 싶어요.
   제인 : 좋아요. 그런데 뭘 타고 가요?
   마이클: 기차도 있고 버스도 있어요. 저는 어느 것이든지 괜찮아요.
   제인 : 그럼, 기차를 타고 갑시다.

   1) 부산이 멀기 때문에 갈 수 없습니다.
   2) 춘천은 멀지만 경치가 아름답습니다.
   3) 두 사람은 버스를 타려고 합니다.

3. 다음 차림표를 보면서 잘 듣고 알맞은 답을 고르십시오.
1) 비싼 것은 무엇입니까?
2) 시원한 것은 무엇입니까?
3) 맥주 2병과 안주를 먹으면 모두 얼마입니까?

해 답

1. 1) ①   2) ②   3) ①   4) ②   5) ①
2. 1) ○   2) ×   3) ×
3. 1) ③   2) ①   3) ②

제6과~제10과   *p. 78~ p. 85*

읽기 연습1-나의 꿈

1. 외국 영화를 한국말로 번역하는 일을 하려고 합니다.
2. 간호사나 선생님이 되고 싶었습니다.
3. 하루 종일 공짜로 차를 탈 수 있고 하루 종일 공짜로 먹을 수 있기 때문입니다.

읽기 연습2-설날

1. 큰집은 부산에 있고 우리 집은 서울에 있기 때문입니다.
2. 식사를 하기 전에 차례를 지내고 어른들께 세배를 했습니다.
3. 떡국과 잡채와 식혜 등을 먹었습니다.
4. 윷놀이도 하고 이야기도 하면서 놀았습니다.

쓰기 연습

1. 1) 사는   2) 재미있는
   3) 만난, 공부하는 4) 가까운
   5) 먹을   6) 싼, 큰

2. 1) 쓰고   2) 먹고   3) 찾아서
   4) 내려서   5) 씻어서   6) 만나서, 보고

3. 1) 뚱뚱한   2) 입고 있고
   3) 신고 있습니다.   4) 작은
   5) 매고 있습니다.   6) 긴
   7) 쓰고 있습니다.

듣기 연습

1. 다음 이야기를 듣고 알맞은 답을 고르십시오.

    한국에는 맛있는 음식이 많아요. 갈비, 불고기도 있고, 아주 매운 육개장, 비빔 냉면, 김치 찌개도 있어요. 매운 음식은 물을 마시면서 먹으니까 금방 배가 부릅니다.

    저는 여름에 먹는 삼계탕과 물냉면을 좋아해요. 삼계탕은 뜨겁지만 건강에 좋고 물냉면은 아주 시원합니다. 겨울에는 된장 찌개나 뜨거운 음식을 많이 먹어요. 날씨가 추우니까요. 음식 이야기를 하니까 갑자기 배가 고프군요.

    저와 같이 식사하러 가실 분 없으세요?

    1) 나는 어떤 음식을 좋아합니까?
    2) 삼계탕은 어떤 음식입니까?
    3) 겨울에는 왜 뜨거운 음식을 많이 먹어요?

2. 다음 그림을 보면서 잘 듣고 알맞은 답을 고르십시오.

    1) 바지를 입은 사람입니다. 가방을 들고 있습니다.
    2) 안경을 쓴 사람입니다. 치마를 입고 있습니다.
    3) 모자를 쓴 사람입니다. 운동화를 신고 있습니다.

    ### 해 답
    1. 1) ③   2) ②   3) ②
    2. 1) ③   2) ⑤   3) ①

제11과 ~ 제15과   p. 115~ p. 123

읽기 연습 1 - 아끼는 물건

1. 두 사람이 보고 있는 도자기 인형은 오수미 씨가 만들었습니다.
2. 오수미 씨가 만든 도자기 인형입니다.
3. 오수미 씨가 만든 것(시계나 사진 액자)을 이지영 씨 생일에 선물하려고 합니다.

읽기 연습 2 - 날씨

1. 아니오, 아침에 집에서 나올 때는 비가 오지 않았습니다.
2. 오전의 날씨는 구름이 조금 끼고 흐리기만 했습니다.
3. 수업이 끝날 때쯤 비가 왔습니다.
4. 우산 하나를 네 사람이 같이 썼기 때문에 옷이 다 젖었습니다.

쓰기 연습

1. 1) 진수 씨가 미지 씨보다 더 커요.
   2) 아니오, 민준 씨가 철수 씨보다 더 많이 마시지 않았습니다.
      철수 씨가 민준 씨보다 더 많이 마셨어요.
   3) 우리 집에서 제일 가까운 식당은 충무 김밥집이에요.
   4) 구두가 제일 비싸요.

2. 1) 네, 일본에 여행가 본 일이 있어요.
   2) 아니오, 일요일이니까 일찍 일어나지 않아도 돼요.
   3) 네, 시간이 있으면 한번 읽어 보겠습니다.
   4) 1년 후에 박 선생님이 고향에 돌아올 것 같아요.
   5) 8시까지 집에 들어가야 해요.

3. 1) 수업 시간에 늦어서 죄송합니다.
   2) 어제 퇴근 후에 한잔 하고 집에 돌아갔습니다.
   3) 지금 비가 오는데 어디에 가십니까?
   4) 제 동생은 지금 차를 마시면서 음악도 듣습니다.
   5) 오늘은 날씨가 더우니까 에어컨을 켭시다.

6) 공중 전화로 전화하려고 동전을 빌렸습니다.

듣기 연습

1. 다음 그림을 보면서 잘 듣고 순서대로 번호를 쓰십시오.

　　　어제는 아침 일찍 학교 도서관에 갔습니다. 오전에는 학교 도서관에서 공부하고 오후에는 친구를 만나서 테니스를 쳤습니다. 테니스를 치니까 땀이 많이 나서 학교 목욕탕에서 목욕을 했습니다. 목욕한 후 친구와 함께 저녁을 먹고 맥주집에 갔습니다. 맥주를 마시면서 이야기를 많이 했습니다. 친구와 헤어진 후 밤 10시쯤 집에 왔습니다.

2. 다음 이야기를 듣고 빈 칸을 채우십시오.

　　　우리 집은 2층집이지만 별로 크지 않습니다. 내 방은 2층에 있습니다. 내 방에는 큰 창문이 (있는데), 나는 아침마다 일어나면 창문을 엽니다. 창문을 열면 맑은 공기가 (들어오고) 새소리도 들을 수 있습니다. 우리 집 정원에는 꽃이 많이 있습니다. 향기가 (좋은) 장미도 있고, 이름을 (모르는) 꽃도 많이 있습니다. 저는 아침마다 물을 (주어야) 하니까 일찍 일어납니다. 우리 집에는 꽃과 나무가 많기 때문에 아주 행복합니다.

해답

1. ④, ②, ⑤, ①, ⑥, ③
2. 있는데, 들어오고, 좋은, 모르는, 주어야

제 16 과 ~ 제 20 과　　*p. 157~ p. 163*

읽기 연습 - 편지

1. 서울에 있는 아들이 일본에 계시는 부모님께 보내는 편지입니다.
2. 일본어를 가르치는 아르바이트를 시작했습니다.
3. 한국 친구들도 사귈 수 있고 용돈도 벌 수 있기 때문입니다.
4. 한국에서 유명한 곳으로 안내하려고 합니다.

쓰기 연습

1. 1) 졸업 , 졸업 (졸업한)
   2) 찍다 , 찍어야
   3) 인분 , 인분
   4) 겨울 , 겨울
   5) 할머니 , 할머니
   6) 중학교 , 중학교 (중학교에 다닐)

2. 1) 아직   2) 미리
   3) 이따가   4) 곧
   5) 모두   6) 별로

3. 1) 연락해 드릴까요?
   2) 빌려 드린
   3) 깎아 드리지
   4) 사 주려고

4. 여름은 정말 덥습니다. 그래서 휴가나 방학이 되면 사람들은 바다에 가서 수영복을 입고 수영을 합니다. 그리고 수박을 먹거나 배도 탑니다. 날씨가 덥지만 바다가 아름답기 때문에 정말 즐겁습니다.

듣기 연습

1. 다음 문장을 듣고 문장 안에 있는 단어를 고르십시오.

   1) 바쁜데 좀 도와 주시겠어요?
   2) 무거운 가방을 들어서 팔이 아파요.
   3) 방학이어서 바쁘지 않아요.
   4) 여기가 제가 사는 아파트예요.

2. 다음 대화를 듣고 맞으면 ○, 틀리면 ×를 하십시오.

   수영을 좋아하십니까?

저는 전에는 수영을 못 했기 때문에 수영을 좋아하지 않았습니다.
친구들과 수영장에 가면 친구들이 수영하는 동안 나는 구경을 했어요.
그런데 두 달 전부터 수영을 배우기 시작했어요. 수영을 잘하는 친구가 가르쳐 줍니다. 그래서 요즘은 조금 수영을 할 수 있어요.
일 주일 후면 여름 방학이 됩니다.
이번 방학 때는 친구들과 같이 수영을 하러 갈 거예요.

1) 전에는 수영을 못 했기 때문에 수영하는 것을 좋아하지 않았습니다.
2) 전에는 수영장에 가면 제가 친구에게 수영을 가르쳐 주었습니다.
3) 일 주일 후에 수영을 배우기 시작하려고 합니다.
4) 요즘은 조금 수영을 할 수 있습니다.
5) 이번 방학 때는 친구들과 같이 수영을 하러 갈 겁니다.

3. 다음 이야기를 듣고 같은 그림을 고르십시오.

내일은 학교 친구들과 북한산으로 등산을 갈 거예요.
저는 내일 반팔 셔츠와 긴 바지를 입고 갈 거예요. 예쁜 모자와 선글라스도 쓸 거예요. 산에서 점심을 만들 수 없기 때문에 도시락도 싸 가야 해요. 그래서 작은 배낭도 메고 갈 거예요. 물론 등산화도 신을 겁니다. 내일 등산이 아주 즐거울 것 같습니다.

해 답
1. 1) 바쁜데   2) 들어서   3) 방학이어서   4) 사는
2. 1) ○   2) ×   3) ×   4) ○   5) ○
3.   ②

제21과~제25과   p. 198~ p. 205

읽기 연습 - 서울

1. 아니오, 여행을 많이 해 보지 않았습니다.
2. 아니오, 지금까지 잘 먹지 못했습니다.
3. 서울에 흐르는 강의 이름은 한강입니다.
4. '서울'의 이름은 1945년부터 쓰기 시작했습니다.
5. 서울의 여기저기를 구경해 보고, 한국 음식도 맛보고, 사진도 많이 찍으려고 합니다.

쓰기 연습

1. 1) 불렀으니까 / 부르세요.
   2) 파란 / 파랗습니다.
   3) 어려운데 / 어렵지
   4) 도와 / 돕고
   5) 다르고 / 달라요.
   6) 하얀 / 하얗게

2. 1) 날씬했으면 좋겠어요.
   2) 그린 거예요.
   3) 밤늦게 전화하면 안 됩니다.
   4) 하지 않으면 안 돼요. (끝내지 않으면 안 돼요.)

3. 1) 에   2) 밖에   3) 으로   4) 이나
   5) 짜리   6) 째   7) 씩

4. 1) 6일 동안 합니다.
   2) 500원 깎아 줍니다.
   3) 65원씩입니다.
   4) 5근 살 수 있습니다.
   5) 30,000원 이상 사야 합니다.
   6) 예쁜 도시락을 받을 수 있습니다.

듣기 연습

1. 다음 이야기를 듣고 대답하십시오.

   점원 : 어서 오십시오.
   손님 : 이 가방 얼마예요?
   점원 : 45,000원입니다. 값이 싸고 가방에 책이 많이 들어가기 때문에 학생들에게 인기가 있어요.
   손님 : 그래요? 그럼 이것 주세요.
   점원 : 네, 감사합니다.

   손님 : 실례합니다. 이 양말 얼마예요?
   점원 : 한 컬레에 2,000원씩이에요.
   손님 : 2,000원? 다른 색도 있어요?
   점원 : 네, 하얀색, 빨간색, 노란색, 까만색이 있어요.
   손님 : 그럼, 하얀색과 노란색을 두 컬레씩 주세요.
   점원 : 네, 잠깐만 기다려 주세요. …… 여기 있습니다.

   점원 : 어서 오세요. 바지를 찾으세요?
   손님 : 저……이 청바지가 예쁜데 얼마예요?
   점원 : 75,000원이에요.
   손님 : 너무 비싸군요! 좀 더 싼 건 없어요?
   점원 : 있어요. 손님, 이 바지는 어때요? 55,000원인데요.
   손님 : 입어 봐도 돼요?
   점원 : 그럼요. 저쪽 문으로 들어가서 입어 보세요.
   손님 : 이 바지를 주세요.
   점원 : 네, 알겠습니다.

   1) 다음 물건들은 각각 얼마입니까?
   2) 양말은 모두 몇 컬레 샀습니까?
   3) 75,000원짜리 청바지를 왜 사지 않았습니까?
   4) 이 손님은 오늘 모두 얼마나 샀습니까?

2. 다음 이야기를 듣고 빈 칸을 채우십시오.

   우리 사무실은 여의도 63빌딩 25층에 있습니다. 우리 빌딩에 (오시면) 안내 창구 옆에 엘리베이터가 있습니다.

시오. 25층에 내리시면 앞에 큰 문이 있는데 그 문으로(들어가면 안됩니다.) 그 문에서 오른쪽 (두 번째) 문으로 들어오십시오. 거기가 우리 사무실입니다. (찾기 쉬울 거예요.)
오전에 (오셨으면 좋겠어요.) 기다리고 있겠습니다.

해 답

1. 1) ① 가방 — 45,000원   ② 양말 — 2,000원
      ③ 바지 — 55,000원
   2) ④
   3) 비싸기 때문에 사지 않았습니다.
   4) ③

2. 오시면, 중에서, 들어가면 안 됩니다. 두 번째, 찾기 쉬울 거예요, 오셨으면 좋겠어요.

제26과~제30과   p. 234~ p. 241

읽기 연습1-금도끼와 은도끼

1. 나무꾼은 손에 힘이 없어져서 도끼를 빠뜨렸습니다.
2. 연못의 물이 움직이면서 하얀 연기와 함께 산신령님이 나타나셨습니다.
3. 나무꾼이 빠뜨린 도끼는 쇠도끼입니다.
4. 나무꾼은 부자가 되었고 결혼을 해서 행복하게 살았습니다.
5. 산신령님은 나무꾼이 정직하기 때문에 도끼 세 개를 다 주었습니다.

쓰기 연습

1. 1) 그러니까
   2) 그렇지만(그런데)
   3) 그리고
   4) 그러면
   5) 그런데

6) 그래서

2. 1) 몇 명이나 올까요?
　 2) 창 밖을 보니까
　 3) 만들 수 없습니다. (만들지 못합니다.)
　 4) 두고 왔어요.
　 5) 가르쳐 드릴 테니까
　 6) 입지 않아도 돼요.
　 7) 없어요.

3. 1) 운전을 할 때　　　　2) 결혼할 때
　 3) 크리스마스 때　　　4) 바다에 갈 때

4. 1) 고향에 돌아가지 않을 겁니다.
　 2) 담배를 피우면 안 돼요.
　 3) 병원에 입원한 적이 없어요.
　 4) 끝날 수 없을 거예요.
　 5) 잊어버리지 않을 테니까

듣기 연습

1. 다음 이야기를 듣고 질문에 대답하십시오.

　　다음은 마이클 씨와 정은주 씨의 대화입니다.

　　마이클 : 어제 한국 친구의 결혼식에 갔어요.
　　정은주 : 한국에서 결혼식에 처음 가 봤어요?
　　마이클 : 아니오, 세 번째예요. 그런데 어제는 결혼식에 한복을 입고 온 손님들이 많았는데 아주 예뻤어요. 한국 사람들은 한복을 자주 입어요?
　　정은주 : 아니오, 저는 설날과 추석 때만 입어요.
　　마이클 : 저도 미국에 돌아갈 때 한복을 한 벌 사 가고 싶은데 은주 씨는 어디에서 한복을 샀어요?
　　정은주 : 저는 한복을 사지 않고 시내에 있는 한복집에서 맞췄어요.

마이클 : 그럼, 그 한복집을 소개해 주시겠어요?
정은주 : 네, 제가 전화 번호를 가르쳐 드릴 테니까 가 보세요.

1) 마이클 씨는 한국에서 결혼식에 처음 가 봤습니까?
2) 정은주 씨는 언제 한복을 입어요?
3) 마이클 씨는 어디에서 한복을 맞추려고 합니까?
4) 정은주 씨는 한복을 샀습니까?

2. 다음은 기차 시간표입니다. 표를 보고 질문에 대답하십시오.

1) 광주에 가는 기차는 서울에서 몇 시에 출발합니까?
2) 새마을호로 서울에서 부산에 가는 데 시간이 얼마나 걸립니까?
3) 서울에서 마산에 가는 데 돈이 얼마나 듭니까?
4) 이 도시 중에서 서울에서 가장 가까운 도시는 어디입니까?

해 답

1. 1) 아니오, 세 번째입니다.
   2) 설날과 추석 때만 입어요.
   3) 정은주 씨가 소개한 한복집에서 맞추려고 합니다.
   4) 아니오, 한복을 사지 않고 시내에 있는 한복집에서 맞췄습니다.

2. 1) 광주에 가는 기차는 서울에서 11시 5분에 출발합니다.
   2) 새마을호로 서울에서 부산에 가는 데 4시간 15분 걸립니다.
   3) 서울에서 마산에 가는 데 17,600원 듭니다.
   4) 이 도시 중에서 서울에서 가장 가까운 도시는 대전입니다.

단어 색인

가

가수	74	10과
가을	104	14과
가족	60	8과
가죽	219	28과
가지고 가다	55	7과
가지고 오다 (가져오다)	146	19과
가지다	147	19과
갈비찜	48	6과
감	218	28과
감기에 걸리다	27	4과
~갑	174	22과
같다	49	6과
~개	180	23과
걱정하다	225	29과
건강에 나쁘다	134	17과
건강에 좋다	125	29과
건강하다	128	16과
건물	209	26과
걷다	74	10과
겨울	132	17과
결혼	198	26과
경치	186	24과
계산하다	167	21과
계속	132	17과
계절	102	14과
계획	60	8과
고등 학교	111	15과
고르다	172	22과
고맙다	26	4과
고치다	119	28과
고향	60	8과
곧	152	20과
곳	32	5과
공중 전화	27	4과
공휴일	181	23과
괜찮다	10	2과
굉장히	134	17과
교통	27	4과
교환	154	20과
구경하다	72	10과
국제 전화	219	28과
귀엽다	104	14과
그건(그것은)	172	22과
그래도	224	29과
그래서	60	8과
그런데	66	9과
그렇게 하다	10	2과

~그릇(~公(탕))	152	20과
그리고	140	18과
그리다	49	6과
그림	49	6과
그립다	88	11과
그만두다	141	18과
극장	98	13과
~ 근	174	22과
글쎄요	48	6과
기념	167	21과
기본 동작	224	29과
기쁘다	103	14과
기차	19	3과
기타를 치다	19	3과
기회	230	30과
길다	174	22과
김밥을 싸다	147	19과
김치(~ 텟꽉)	230	30과
까맣다	128	16과
깎다	89	11과
꼭	99	13과
꽃다발	219	28과
꽃이 피다	5	1과
꽃집	172	22과
끓이다	141	18과
끝나다	60	8과
끝내다	48	6과
끼다	166	21과

나

나가다	154	20과
나무	220	28과
날씨	126	16과
남동생	60	8과
남쪽	186	24과
낫다	215	27과
내리다	99	13과
너무	27	4과
넓다	103	14과
넣다	95	12과
넥타이를 매다	74	10과
노랗다	172	22과
노래방	187	24과
놀러 가다	192	25과
높다	126	16과
놓다	12	2과
늦게	94	12과
늦다	27	4과

다

다	5	1과
다녀오다	214	27과
다니다	208	26과
다르다	55	7과
다리다	140	18과
다음	186	24과
단어	34	5과
단풍	192	25과
닫다	12	2과
달다	34	5과
담그다	230	30과
~ 대	167	21과
대표	167	21과
대학교	208	26과

대학생	89	11과
대학원	134	17과
댁	146	19과
더	110	15과
도시락	61	8과
도시락을 싸다	147	19과
도장	146	19과
돈을 내다	99	13과
돈을 쓰다	181	23과
돈을 찾다	67	9과
돈이 들다	218	28과
돌아가다	187	24과
돌아가시다	231	30과
돌아오다	134	17과
돕다	147	19과
~동	152	20과
동경	88	11과
동네	181	23과
동전	174	22과
동창	194	25과
동해	110	15과
되다	132	17과
두껍다	225	29과
두다	140	18과
드리다	231	30과
드시다	230	30과
들어가다	95	12과
들어오다	174	22과
디자인	72	10과
따뜻하다	102	14과
떠나다	19	3과

마

마당	103	14과
마음	103	14과
마음에 들다	172	22과
막걸리	89	11과
만년필	167	21과
만들다	48	6과
많다	72	10과
많이	126	16과
맞다	146	19과
맞추다	118	28과
매달	209	26과
맥주	32	5과
맵다	230	30과
먼저 (邱)	94	12과
멋있다	72	10과
메뉴	55	7과
며칠	126	16과
면	119	28과
면도를 하다	67	9과
~명	60	8과
명동	104	14과
모	220	28과
모두	60	8과
모르다	54	7과
모으다	67	9과
모자라다	154	20과
목소리	174	22과
목이 마르다	174	22과
무섭다	34	5과
문법	55	7과
물	55	7과

물냉면	152	20과
뭘요	26	4과
미리	98	13과
미안하다	4	1과
민속촌	89	11과

바

바다	110	15과
바쁘다	4	1과
밖	154	20과
반	50	6과
반바지	74	10과
반지	167	21과
반지를 끼다	74	10과
발음	103	14과
방법	48	6과
방학	110	15과
배	89	11과
배가 부르다	154	20과
배낭	208	26과
배달하다	152	20과
배우	61	8과
버리다	12	2과
버터	220	28과
~ 번	27	4과
~ 벌	72	10과
벌써	132	17과
벽돌	219	28과
별로	66	9과
~ 병	55	7과
보내다	104	14과
보너스	167	21과
볼일을 보다	214	27과
봄	102	14과
봄이 오다	5	1과
부끄럽다	103	14과
부럽다	104	14과
부산	214	27과
부자	134	17과
부탁하다	98	13과
붙이다	174	22과
비빔 냉면	152	20과
비자	219	28과
비행기표	66	9과
빌리다	141	18과
빠르다	55	7과
빨갛다	128	16과
빨리	192	25과
빵집	180	23과

사

사귀다	103	14과
사진기	19	3과
산	110	15과
삼계탕	74	10과
~ 상자	174	22과
색	12	2과
샌드위치	119	28과
생각	186	24과
생각을 하다	74	10과
생선	147	19과
생크림	180	23과
서울역	55	7과
선약	26	4과

설명하다	141	18과
설악산	192	25과
섬	186	24과
성격	174	22과
세우다	110	15과
세일	99	13과
세탁소	140	18과
소금	94	12과
소포	146	19과
속도	174	22과
~ 송이	172	22과
쇠고기	19	3과
수박	104	14과
수술하다	89	11과
수영장	141	18과
수저	67	9과
스키를 타다	5	1과
승진	209	26과
시간이 걸리다	153	20과
시간이 없다	5	1과
시간이 있다	4	1과
시끄럽다	5	1과
시다	219	28과
시원하다	228	16과
시작하다	132	17과
시키다	54	7과
시험을 보다	19	3과
식빵	219	28과
식사	48	6과
신다	74	10과
신용 카드	154	20과
신혼	208	26과
싱겁다	94	12과
싱싱하다	172	22과
싸우다	174	22과
쓰레기	12	2과

아

아기	19	3과
아름답다	126	16과
아마	225	29과
아직	18	3과
아파트	152	20과
안경을 쓰다	74	10과
안내하다	141	18과
안 되다	152	20과
안부	147	19과
앞	98	13과
야구	104	14과
약도	147	19과
(약속을) 지키다	26	4과
양복	140	18과
어리다	209	26과
어서 오세요	166	21과
어울리다	167	21과
언제나	27	4과
에베레스트 산	104	14과
여권	194	25과
여동생	60	8과
여러 가지	172	22과
여름	110	15과
여보세요	54	7과
여행사	66	9과
역사책	49	6과
연극	119	28과
연락하다	18	3과

연휴	126	16과
열쇠	5	1과
염려하다	225	29과
영화	10	2과
옆	180	23과
예매하다	192	25과
예약하다	19	3과
오래간만에	192	25과
옮기다	194	25과
외교관	167	21과
외국어	34	5과
외우다	74	10과
요리	230	30과
요리책	48	6과
우산	55	7과
우체부	146	19과
우표	174	22과
우회전	154	20과
운동화	74	10과
유자차	55	7과
유학을 가다	19	3과
63빌딩	104	14과
은행원	89	11과
음료수	147	19과
의사	194	25과
이건(이것은)	181	23과
이기다	167	21과
이따가	94	12과
이렇게	181	23과
이번	60	8과
이사하다	34	5과
이야기	186	24과
이용하다	134	17과
이태원	187	24과
인기가 있다	174	22과
~ 인분	55	7과
인삼차	54	7과
일본	88	11과
일찍	104	14과
잃어버리다	194	25과
입다	72	10과
입학	167	21과
잊어버리다	27	4과

자

자동 판매기	174	22과
자르다	174	22과
자장면	67	9과
~ 잔	54	7과
잘생기다	61	8과
잠깐만	146	19과
잡다	225	29과
잡수시다	94	12과
~ 장	98	13과
장갑	166	21과
장난감	68	9과
장미	172	22과
장소	99	13과
잼	219	28과
저금하다	134	17과
저런 ~	72	10과
저쪽	72	10과
적다	141	18과
전기 면도기	68	9과
전하다	146	19과
전화 번호	5	1과

전화 카드	174	22과
젊은이	181	23과
젓가락	67	9과
정말	230	30과
정하다	10	2과
제시간에	225	29과
제주도	186	24과
조금만	74	10과
졸업	166	21과
졸업하다	50	6과
종이	174	22과
좋다	72	10과
좌회전	153	20과
죄송하다	26	4과
주부	181	23과
주의하다	225	29과
주인	152	20과
~ 주일	132	17과
주차	153	20과
준비	94	12과
중국집	67	9과
~ 중에서	104	14과
중요하다	99	13과
중학생	134	17과
지각하다	194	25과
지난번	26	4과
지난주	214	27과
지바	88	11과
지우개	67	9과
지우다	67	9과
집을 짓다	219	28과
짜다	74	10과
짧다	225	29과
~ 쪽	110	15과

찌개	219	28과
찍다	146	19과

차

차	54	7과
차리다	230	30과
참	48	6과
참석하다	99	13과
찾다	140	18과
천천히	72	10과
초	180	23과
초등 학교	111	15과
축하하다	208	26과
출발하다	5	1과
출장	214	27과
출장을 가다	134	17과
춤을 추다	74	10과
춥다	132	17과
취직하다	134	17과
치마	74	10과
치즈	220	28과
칠판	141	18과

카

카드	67	9과
카메라	5	1과
케이크	180	23과
크레파스	67	9과
크리스마스	111	15과
키가 크다	34	5과

타

태권도	224	29과
태권도장	224	29과
택시	66	9과
통역하다	194	25과
통화 중	187	24과
퇴근	32	5과
특별히	102	14과
팀	167	21과

파

파랗다	126	16과
파마하다	174	22과
파티를 하다	111	15과
~ 편	219	28과
평일	55	7과
포도	219	28과
포장하다	180	23과
표	19	3과
프로그램	12	2과
피곤하다	27	4과
피아노	111	15과
피자	103	14과
필요하다	174	22과

하

하늘	126	16과
하루	174	22과
하숙비	67	9과
하숙집	94	12과
하숙하다	181	23과
하얀색	167	21과
하얗다	128	16과
하와이	208	26과
학기	60	8과
~ 학년	111	15과
한가하다	61	8과
한국 사람	48	6과
한복집	218	28과
한자	5	1과
한잔 하다	32	5과
할인	153	20과
해외	208	26과
형	111	15과
~ 호	152	20과
화장하다	50	6과
후배	231	30과
휴가	186	24과

Review 단어 색인

가난하다	235	광주	241	~ 년	158
가져가다	235	굉장히	216	높다	121
가족	38	구경하다	41	눈사람	162
가지고 가다	119	구름이 끼다	119	늘	235
가지고 있다	200	그래서	38	~ 달	158
각각	205	그러니까	238	당신	235
간호사	79	그러면	158	대답하다	199
갈비	247	그렇다	79	대만	83
갑자기	119	그렇지만	41	대전	241
거울	46	금도끼	235	대화	45
거의	38	금방	119	댁	81
걱정을 하다	119	김치 찌개	85	도봉산	199
건강에 좋다	85	꽃다발	41	도시	199
결혼식	241	꽤	158	도자기	116
경복궁	200	꿈	79z	도착하다	81
경제	199	끝	41	돌아가다	122
경치	38	나무꾼	235	돌아가시다	160
계란	204	(나무를) 찍다	235	돌아오다	122
고속 버스	238	나오다	41	동전	122
고향	38	나타나다	235	되다	79
공기	123	날씨	38	된장 찌개	247
공짜로	79	날짜	238	~ 들	38
관계가 있다	79	남학생	84	들르다	163
관광객	200	내밀다	235	~ 등	81
관악산	199	넣다	83	등산화	251

땀이 나다	249	반	158	새마을호	241
~ 때문에	38	반팔 셔츠	251	새소리	123
떡국	81	발견하다	235	생일	116
또	41	방	123	생활	158
뚱뚱하다	84	배가 부르다	85	서로	119
뛰어오다	119	배낭을 메다	251	서울 타워	200
뜨겁다	85	~ 번	199	선글라스	251
마산	241	번역하다	79	선물하다	116
마을	38	~ 번째	254	설날	81
만년필	161	벌다	158	세다	235
만두	81	~ 병	246	세배를 하다	81
많이	41	보내다	81	세뱃돈	81
맑다	123	보통	79	소나기	119
맛보다	200	부끄럽다	199	소원	203
맥주집	249	부럽다/	119	~ 속	235
모든	199	부러워하다		쇠도끼	235
모시다	235	부자	235	수도	199
모이다	161	부지런하다	235	수영복	162
모자	84	북한산	199	순천	241
목욕탕	249	분야	199	시간이 걸리다	38
몸	160	분위기	41	시간표	256
못 하다	163	불편하다	158	시골	38
무겁다	119	비가 오다	119	시원하다	246
무궁화호	241	비빔 냉면	85	시작하다	41
문제	200	비슷하다	38	시카고	38
문화	199	빠뜨리다	235	식구	81
물건	116	빨리	85	식혜	81
물냉면	247	사귀다	158	쓰다	200
물론	251	사라지다	235	아끼다	116
물어 보다	41	사이다	45	아주	38
뭘요	116	사진을 찍다	41	아침	41
바겐 세일	204	사촌	81	~ 안	41
바로	235	산신령님	235	안내하다	158
~ 밖	41	상당히	199	안주	45

~ 앞	41	유명하다	158	정말	162
앞으로	200	유학	199	정원	123
액자	116	육개장	85	정직하다	235
양말	205	윷놀이	81	정찰제	161
어른	81	은도끼	235	정치	199
얼굴	84	의미	116	젖다	119
여기저기	200	의사	160	졸업식	41
여러 ~	199	이런	116	종류	241
여름	38	이상	104	주위	199
여의도	205	이상하다	41	주차를 하다	41
역할	199	이유	41	주차장	41
연기	235	이제	158	주택	200
연못	235	2층집	123	중간에	41
연휴	81	이후	200	중심	199
옛날	79	익숙하다	158	지갑	83
오랫동안	158	인구	200	지나가다	119
오렌지 주스	45	인사동	200	짧다	38
오른쪽	83	인삼차	45	차례를 지내다	81
올라가다	205	인형	116	차림표	45
올림	158	일기 예보	119	참	116
올림픽 공원	200	일찍	41	창	238
외국	79	입원하다	240	창구	205
외출복	203	입학	160	찾아보다	199
요금	241	작다	38	찾아오다	161
요리사	79	잡채	81	책방	83
용돈	158	~ 장	199	청바지	205
우산	119	장갑	162	추석	216
(우산을) 쓰다	119	장미	158	춘천	45
운동장	41	저기	116	칠하다	202
운전사	79	전공	79	콜라	45
움직이다	235	전날	81	크리스마스	116
웃다	119	(전화를) 걸다	138	큰집	81
~ 위	116	점원	153	탁자	116
위치	199	점점	200	토마토	104

특별시	200	한번	38	확률	119
팔	250	한복	81	환경	200
피다	158	한숨을 쉬다	235	환자	160
~하고	41	해외 여행	122	회사원	158
하루	41	행복하다	235	흐리다	119
하루 종일	79	향기	123	힘이 없다	235
하얗다	235	헤어지다	249		
한강	199	형	158		